KB061948

3030 English
듣기 3탄

3030 English 듣기 3탄

1판 1쇄 발행 2015. 7. 24.
1판 5쇄 발행 2019. 2. 11.

지은이 김지완·김영욱

발행인 고세규
편집 성화현 | 디자인 조명이
발행처 김영사
등록 1979년 5월 17일(제406-2003-036호)
주소 경기도 파주시 문발로 197(문발동) 우편번호 10881
전화 마케팅부 031)955-3100, 편집부 031)955-3200 | 팩스 031)955-3111

값은 뒤표지에 있습니다.
ISBN 978-89-349-7153-5 04740 978-89-349-7027-9(세트)

홈페이지 www.gimmyoung.com 블로그 blog.naver.com/gybook
페이스북 facebook.com/gybooks 이메일 bestbook@gimmyoung.com

좋은 독자가 좋은 책을 만듭니다.
김영사는 독자 여러분의 의견에 항상 귀 기울이고 있습니다.

이 도서의 국립중앙도서관 출판시도서목록(CIP)은 서지정보유통지원시스템 홈페이지(http://seoji.nl.go.kr)와 국가자료공동목록시스템(http://www.nl.go.kr/kolisnet)에서 이용하실 수 있습니다.(CIP제어번호 : CIP2015018071)

30
삼 공

하루 30분씩 30일이면

영화가 들린다

3030 English

듣기 3탄

김지완·김영욱 지음

30
삼 공

김영사

Hello

안녕하세요! 〈3030 English〉 듣기 시리즈의 저자 김지완, 김영욱입니다!

한번 이런 시나리오를 가정해봅시다.
여러분에게 한국어를 막 배우기 시작한 미국인 친구가 한 명 있습니다. 최근에 한국어 공부를 위해 한국어 청취 교재 '한국어로 9시 뉴스 듣기'를 한 권 구매했는데 막상 음원을 들어보니 성우의 발음은 너무 빨라 도저히 따라갈 수 없고, 연음 현상 때문에 단어와 단어는 뭉개져서 들리고, 또 뜻을 알 수 없는 이상한 단어는 왜 이렇게 많느냐며…… 볼멘소리를 늘어놓습니다. 어디서 많이 본 듯한 상황 아닌가요?

그동안 우리가 영어 청취를 하며 겪었던 모습과 비슷하지 않나요? 과연 이 한국어 왕초보 학습자의 문제점은 무엇일까요? 바로 자신의 수준에 비해 너무 어려운 교재를 선택했다는 것입니다. 영어를 학습하는 대다수 왕초보 학습자들도 이와 마찬가지입니다. 실제 자신의 영어 실력은 고려하지 않고 의욕에 넘쳐 영어 청취를 시작해보겠다며 미국 성인들이 듣는 미드 청취나 뉴스 청취를 교재로 덥석 선택한다면, 성공할 가능성이 과연 얼마나 될까요?

그래서 저는 왕초보 학습자들에게 항상 이렇게 조언합니다.
제대로 된 영어 청취를 하고 싶다면,
첫째, 성우의 발음이 분명하고,
둘째, 대화의 속도는 너무 빠르지 않으며,
셋째, 내용이 너무 어렵지 않은 일상 생활회화 수준의 교재를 선택하라.
다시 말해 자기 수준에 맞는 교재를 선택하라고 조언합니다.
물론 여기에 듣는 재미까지 더해진다면야 금상첨화겠죠?

이런 교재!!!
당장 영어 왕초보에게 권하고 싶은 청취 교재가 바로 〈3030 English〉 듣기 시리즈입니다.
흥미는 UP, 부담감과 지루함은 DOWN, 중학교 교과서 듣기로 시작해 고등학교 교과서 듣기를 넘어 영화 듣기와 뉴스 듣기까지, 기초부터 차근차근 실력을 쌓고자 하는 분들을 위한 맞춤형 교재입니다.

리스닝을 단순히 소리를 듣는 연습이라고 생각하면 큰 오산입니다. 상대방이 전달하고자 하는 내용을 이해하고 그 핵심을 간파하는 것이 진정한 리스닝 스킬입니다. 마치 사투리를 쓰는 사람과 대화할 때 상대방의 억양이 아무리 억세고, 중간중간 지역 방언을 사용한다 할지라도 같은 한국인이라면 상대방이 전달하고자 하는 요지를 이해할 수 있는 것처럼, 영어도 설사 내가 모르는 단어가 나오고, 원어민이 우리 귀에 익숙한 억양을 사용하지 않는다 할지라도, 말의 요지를 이해할 수 있는 방법이 있습니다. 이 책은 여러분들이 이런 리스닝 스킬을 체득할 수 있도록 훈련시켜줄 것입니다.

〈3030 English〉 듣기 시리즈를 통해 제가 주야장천 하는 말이 있습니다.
"영어로 말을 해봐야 영어로 말을 할 수 있습니다."
영어 청취라고 다를까요? 절대 그렇지 않습니다.
영어 청취도 마찬가지입니다.
"영어를 들어봐야 영어를 들을 수 있습니다."
오늘부터 하루 3개, 30일 동안 총 90개의 지문을 들으며 영어 듣기의 세계로 빠져보시기 바랍니다.
영어를 자꾸 듣다 보면 결국엔 영어가 들릴 것입니다.

This book is

〈3030 English〉 듣기 시리즈를 소개합니다.

듣기 본문은 각권의 난이도에 따라 단어, 문법, 표현 그리고 원어민 성우의 말하기 속도를 적절히 차별화하였습니다.

듣기 1탄 '하루 30분씩 30일이면 중학교 교과서가 들린다'

중학교 영어 교과서야말로 이제 막 영어 청취의 세계에 첫발을 내디딘 왕초보들에게 최고의 입문서라 할 수 있을 것입니다. 〈3030 English〉 듣기 1탄은 중학교 영어 교과서, 약 20종의 문제집, 참고서, 듣기·독해 교재를 조사·분석한 결과를 바탕으로 왕초보 학습자 수준에 딱 맞는 단어와 표현 그리고 테마로 구성한 교재입니다. 각 지문에 딸린 세 개의 문항은 실제 중학교 영어 기출문제의 난이도 분석과 유형 분석을 통해 중학교 교과서 수준에 맞춰 출제하였습니다.

듣기 2탄 '하루 30분씩 30일이면 고등학교 교과서가 들린다'

〈3030 English〉 듣기 1탄으로 왕초보 딱지를 뗀 초·중급 학습자들을 위한 〈3030 English〉 듣기 2탄은, 고등학교 영어 교과서, 약 20종의 문제집, 참고서, 듣기·독해 교재를 조사·분석한 결과를 바탕으로 초·중급 학습자들이 꼭 알아야 하는 단어와 표현 그리고 테마로 구성한 교재입니다. 각 지문에 딸린 세 개의 문항은 실제 고등학교 영어 기출문제의 난이도 분석과 유형 분석을 통해 고등학교 교과서 수준에 맞춰 출제하였습니다.

⁘ 듣기 3탄 '하루 30분씩 30일이면 영화가 들린다'

중급자의 길에 막 들어선 학습자들의 좀 더 재미있는 청취학습을 위해 영화 속 하이라이트 장면들만 따로 모아놓은 교재입니다. 기존 영화 청취 교재들은 대부분 한 편의 영화로 구성되어 있어 영화의 처음부터 끝까지 모두 듣느라 지루했다면 〈3030 English〉 듣기 3탄은 영화의 꽃이라 할 수 있는 클라이맥스 장면들로만 구성되어 있어 처음부터 끝까지 팽팽한 긴장감과 재미가 이어집니다. 또 액션, 멜로, 드라마, 코미디 등 다양한 장르의 대화로 구성되어 있어 여러 상황의 대화를 체험해볼 수 있는 장점도 있습니다. 각 지문에 딸린 세 개의 문항은 학습자가 대화의 뉘앙스를 얼마나 잘 이해했는지 평가하는 것에 초점이 맞춰져 있습니다.

⁘ 듣기 4탄 '하루 30분씩 30일이면 뉴스가 들린다'

〈3030 English〉 듣기 4탄은 영어 청취에 어느 정도 자신감이 생긴 중급 이상 학습자들에게 적절한 교재입니다. 실제 뉴스 기사들로 구성되어 있어 지문 모두 생동감이 넘치며, 너무 길지도 너무 어렵지도 않아 영어뉴스 청취 입문자용으로 딱 좋습니다. 또한 시사, 비즈니스, 명사 인터뷰, 스포츠 등 다양한 분야의 뉴스로 구성되어 있어 흥미로운 뉴스를 연달아 듣는 듯한 재미도 있습니다. 각 지문에 딸린 세 개의 문항은 학습자가 뉴스의 핵심을 얼마나 잘 파악했는지 평가하는 것에 초점이 맞춰져 있습니다.

Contents

액션영화 속 감동의 한마디는 강렬한 액션 신보다 더 강한 인상을 남기곤 합니다. 〈터미네이터〉 속의 세계적인 명대사 "I will be back." 그리고 〈스파이더맨〉에서 주인공이 했던 고뇌에 찬 대사 "Great power always comes with great responsibility.(강한 힘에는 그 만큼의 책임이 따른다)" 이런 다양한 액션 영화 속 명대사를 반복해서 들으며 귀를 뚫고 말문을 열어보세요.

사람들이 가장 많이 기억하고 심지어 사랑하는 사람에게 바로 사용할 수 있는 활용도 만점의 명대사들, 바로 이번 Lap에서 만나볼 수 있습니다. 듣기만 하지 말고 원어민 성우를 따라 말해보세요. 혹 주변에 사랑하는 사람이 있다면 바로 응용해보세요. 이미 세계적으로 검증된 '멘트(?)'인 만큼 효과도 최고일 거예요.

가슴이 따뜻해지는 가족 영화. 그러나 들리지 않으면 무슨 소용인가요? 아무리 감동적인 대사를 들어도 뜻을 이해하지 못한다면…… "재들이 지금 뭐라고 하는 거야?"라고밖에 할 수 없겠죠? 아무리 명대사라도 들려야 감동이고 그래야 내 것이 됩니다. 이런 달달한 대사가 들리는 그날을 꿈꾸며 이번 Lap도 열심히 청취해보세요.

때론 삶에 지쳐 힘들기도, 아무 이유 없이 삶이 지루하게 느껴지기도 합니다. 이럴 때에는 바로 코미디 영화가 필요합니다. 코미디 영화 대사들을 익혀 적재적소에 잘 활용하면 당신도 네이티브급의 재치 넘치는 사람이 될 수 있습니다. 그런 의미에서 이번 Lap은 웃음과 함께 더욱 열정적으로 청취해보세요.

앞의 4개 Lap에 포함되지 못한, 하지만 꼭 들어봐야 하는 주옥같은 대사를 모두 모아 이곳 'Others'에 분류해놓았습니다. 마지막 지문까지 최선을 다해 정열적으로 청취해 유종의 미를 거두시기 바랍니다.

게임의 법칙 1 to 7

아래 게임의 법칙대로 3일 정도만 열심히 따라 해보면
"영어 리스닝 나도 할 수 있다!"란 자신감이 생기리라 확신합니다.

1. 청취 교재이므로 꼭 MP3 음원을 들으며 책을 봐야 합니다.
2. MP3 음원을 듣고 매일차 첫 페이지 "듣고 풀자"의 듣기 문항 세 개를 진지하게 풀어봅니다. 이때 절대 다음 페이지로 넘겨 듣기 지문을 커닝(?)하지 않습니다.
3. "듣고 풀자"의 문제들을 다 풀었다면, 다음 페이지로 넘겨 정답을 확인합니다.
4. "다시 듣고 해석해보자"의 지문을 눈으로 읽으며 다시 한 번 듣습니다.
5. "다시 듣고 해석해보자"가 속한 좌측 페이지는 한 손으로 가린 채 MP3 음원을 듣고 우측 페이지 "듣고 받아써보자"의 빈칸 받아쓰기를 합니다.
   (좌측의 지문을 보고 적으면 아무런 학습효과를 얻을 수 없으므로 반드시 좌측 페이지는 손으로 가리고 받아쓰기에 임합니다)
6. 다 받아쓴 후 같은 페이지 하단의 정답을 확인합니다.
7. 다음 페이지로 넘겨 "바꿔 말해보자"의 한글 문장들을 영어로 바꿔 말해봅니다.
   (잘 모르겠어도 포기하지 말고 일단 영어로 바꿔 말해본 후 하단의 정답을 확인합니다)

영어 청취를 하는 하루 딱 30분 동안은 다른 생각 다 버리고
오직 영어 듣기에만 몰입하시기 바랍니다.
그래야 정말 깜짝 놀랄 만한 효과를 볼 수 있습니다.

Genre **1**
Action

액션 영화라고 액션만 있는 것이 아니죠.
액션 영화 속 강렬한 한마디는 열 번의 액션 신보다
더 강한 인상을 남길 때가 있습니다.
거칠면서도 가슴을 울리는 한마디 대사로 귀를 뚫고 말문을 열어보세요.

리스닝 훈련을 할 때 좋은 들을거리는 영화

일정 상황에 맞게 꾸민 생활회화 위주로 듣기를 하다 보면, 온실 속의 화초처럼 발음과 속도가 일정하게 조율되지 않은 제멋대로인 현실의 일상 대화에 적응하기가 쉽지 않다. 실생활에서 맞닥뜨리는 다양한 억양, 발음, 어투 등 영어의 일상적인 진면목을 간접적으로나마 만날 수 있는 좋은 기회가 바로 영화이다. 영화 대사는 생생히 살아 있는 언어이면서 문화를 엿볼 수 있는 계기가 된다.

그런 반면, 난이도가 무작위적이라 골치만 아프고 소득이 없을 때도 있다. 이 책은 이런 단점을 수정하기 위해 원작의 대사를 부분부분 개작했다. 그러면서도 등장인물 특유의 말투를 엿볼 수 있는 대사나 재미있고 감동적인 대사들은 그대로 살렸다.

어디, 우리의 기대를 얼마만큼이나 만족시켜줄지 즐겁게 들어보자.

1. 듣고 풀자

청취 지문은 절대로 커닝하지 말고 시험 보는 학생의 마음으로 진지하게 풀어보세요.

1) 휘틀리 경사가 지금 하고 있는 것은?

a 범인 검거
b 자원봉사
c 순찰
d 심문

2) What can be inferred about Fred?

a Fred is a friend of Sergeant Whitley.
b Fred is a member of a gang.
c Fred is out on patrol.
d Fred has been doing illegal things.

a member of ~의 구성원, ~의 일원　out on patrol 밖에서 순찰 중인
illegal 불법의, 금지된

3) Which word best describes Sergeant Whitley's emotions?

a Irritated
b Scared
c Confused
d Satisfied

scared 겁먹은, 무서워하는　satisfied 만족스러운

1. 다시 듣고 해석해보자

DAY – 1

지문을 눈으로 읽어 내려가며 다시 한 번 집중해서 들어보세요.

Fred	Hey, Sergeant Whitley. Are you out on patrol?
Sergeant Whitley	Yeah, so what?
Fred	I just wanted to say hello.
Sergeant Whitley	What do you want, Fred?
Fred	What's with the attitude? Aren't you supposed to protect and serve?
Sergeant Whitley	Just stay out of my sight, boy. Tell your gang members I'm watching them.
Fred	You can watch all you want. We are not doing anything illegal.

프레드	휘틀리 경사님, 지금 순찰 나오신 거예요?
휘틀리 경사	그래, 무슨 일이지?
프레드	그냥 인사하는 거예요.
휘틀리 경사	원하는 게 뭐지, 프레드?
프레드	그 태도가 뭡니까? 대민 보호와 봉사가 경찰이 할 일 아닌가요?
휘틀리 경사	그냥 내 눈앞에서 꺼져, 이 녀석아. 너희 갱단 아이들에게 내가 지켜보고 있다고 전해.
프레드	맘껏 지켜보세요. 우린 나쁜 짓 전혀 안 하니까요.

정답 1c2b3a

- sergeant 경사(경찰), 병장(군대)
  What's with ~은 왜 그래? ~는 어떻게 된 거야?
  protect and serve 보호하고 봉사하다(LA 경찰의 슬로건)
  stay out of someone's sight ~의 눈에 안 띄게 꺼지다, ~의 눈앞에서 사라지다
  [cf] in sight 시야에 있는, 보이는 ⇔ out of sight 보이지 않는

2. 듣고 풀자

청취 지문은 절대로 커닝하지 말고 시험 보는 학생의 마음으로 진지하게 풀어보세요.

1) 다음 중 사실인 것은?

a 두 사람은 서로 다른 곳에 있다.
b 두 사람은 현재 무슨 일이 일어나고 있는지 알지 못한다.
c 두 사람은 팀원들과 만나길 원하지 않는다.
d 두 사람은 모두 화가 나 있다.

2) What does Stan want to do?

a Stan hopes to explore the location.
b Stan wants to back them up.
c Stan wants to leave this place immediately
d Stan wants to make a new team.

explore 탐구하다, 조사하다 back ~ up ~를 도와주다, 지원하다

3) What does April suggest?

a They should stay a little longer.
b They should stop trying to communicate.
c Stan should keep a secret.
d They must jump up and down.

communicate 의사소통을 하다, 대화하다 keep a secret 비밀을 지키다
jump up and down 뛰어서 오르락내리락하다

2. 다시 듣고 해석해보자

지문을 눈으로 읽어 내려가며 다시 한 번 집중해서 들어보세요.

Stan	Hello? Anybody there? Can you hear me? April, is there anything you didn't tell me about this place?
April	Nothing. I have no idea about what is going on, Stan.
Stan	Well, whatever it is, we're not prepared for it. We're going to round up the rest of the team and get to the surface. Let's move.
April	Wait. Let's not jump to conclusions.

스탠	여기요? 누구 없어요? 제 말 들려요? 에이프릴, 이곳에 대해 나한테 말해주지 않았던 게 있어?
에이프릴	없어. 무슨 일이 일어나고 있는 건지 나도 전혀 아는 바 없어, 스탠.
스탠	흠, 그게 무엇이든 간에, 우린 준비가 안 돼 있어. 나머지 팀원들을 모아서 지상으로 올라가야겠다. 가자.
에이프릴	잠깐, 성급하게 결론내리지 말자.

정답 1b2c3a

- be prepared for ~에 대해 대비가 돼 있다
  round up (흩어진 사람 등을) 모으다, 끌어모으다
  jump to conclusion 속단하다, 급히 결정 내리다

3. 듣고 풀자

청취 지문은 절대로 커닝하지 말고 시험 보는 학생의 마음으로 진지하게 풀어보세요.

1) 두 사람의 관계는?

a 의사와 보호자
b 교수와 학생
c 아버지와 아들
d 상관과 부하

2) Which word best describes the mood of the conversation?

a Optimistic
b Cheerful
c Tense
d Neutral

▲ tense 팽팽한, 긴장한, 부자연스러운

3) What did Michael want from Will?

a To confirm the history of the fight.
b To ask why they are fighting in the war.
c To report the death of a soldier.
d To give him a hard time.

▲ give someone a hard time ~을 혼내다, 꾸짖다, 힘들게 하다

3. 다시 듣고 해석해보자

지문을 눈으로 읽어 내려가며 다시 한 번 집중해서 들어보세요.

Michael	Will, one of our troops is dead.
Will	I'm sorry, Michael.
Michael	I need to know what this man died for.
Will	He died trying to make history.
Michael	Whose history? Yours?
Will	This is not the way to speak to a superior officer, Sergeant!
Michael	Well, this is not the way men are supposed to live, Lieutenant.

마이클	윌, 우리 대원 중 하나가 죽었습니다.
윌	유감이네, 마이클.
마이클	이 사람이 무엇 때문에 죽었는지 알아야겠어요.
윌	역사를 만들려고 하다 죽었어.
마이클	누구의 역사요? 당신의 역사요?
윌	상관에게 이런 식으로 말해선 안 되지, 병장!
마이클	글쎄요, 사람이라면 이런 식으로 살다 가는 게 아니겠죠, 중위님.

정답 1d2c3b

- superior officer 상관(군대, 경찰)
  be supposed to ~하기로 돼 있다, ~해야 한다 lieutenant 중위(군대)

듣고 받아써보자

DAY-1

답안을 커닝하면 아무런 학습효과도 볼 수 없습니다. 답안을 가리고 받아쓰기에 임하세요.

1. I just wanted to ______.

2. What's with the ______?

3. ______ you ______ protect and serve?

4. Just ______ my sight, boy.

5. Can you ______?

6. I have no idea about ______, Stan.

7. Well, whatever it is, we ______ not ______ it.

8. Let's not ______.

9. I need to know what this man ______.

10. He died ______.

11. This is not ______ to a superior officer, Sergeant!

12. Well, this is not the way men ______, Lieutenant.

정답 1 say hello 2 attitude 3 Aren't, supposed to 4 stay out of 5 hear me 6 what is going on 7 're, prepared for 8 jump to conclusions 9 died for 10 trying to make history 11 the way to speak 12 are supposed to live

바꿔 말해보자

한글 문장들을 영어로 바꿔 말해보세요. 혹시 잘 모르겠어도 일단 용감하게 도전해보세요.

1. 상관에게 이런 식으로 말해선 안 되지, 병장!

2. 그는 역사를 만들려고 하다 죽었어.

3. 흠, 그게 무엇이든 간에, 우린 준비가 안 돼 있어.

4. 그냥 내 눈앞에서 꺼져, 이 녀석아.

5. 성급하게 결론 내리지 말자.

6. 글쎄요, 사람이라면 이런 식으로 살면 안 되죠, 중위님.

7. 저는 그냥 인사하는 거예요.

8. 이 사람이 무엇 때문에 죽었는지 알아야겠어요.

9. 대민 보호와 봉사가 당신이 할 일 아닌가요?

10. 무슨 일이 일어나고 있는 건지 나도 전혀 아는 바 없어, 스탠.

11. 그 태도가 뭡니까?

12. 당신 제 말 들려요?

정답 1 This is not the way to speak to a superior officer, Sergeant! 2 He died trying to make history. 3 Well, whatever it is, we're not prepared for it. 4 Just stay out of my sight, boy. 5 Let's not jump to conclusions. 6 Well, this is not the way men are supposed to live, Lieutenant. 7 I just wanted to say hello. 8 I need to know what this man died for. 9 Aren't you supposed to protect and serve? 10 I have no idea about what is going on, Stan. 11 What's with the attitude? 12 Can you hear me?

1. 듣고 풀자

청취 지문은 절대로 커닝하지 말고 시험 보는 학생의 마음으로 진지하게 풀어보세요.

1) 현재 상황에 대한 여자의 태도는?

a 무관심하다.
b 중립적이다.
c 낙관적이다.
d 비관적이다.

2) What does the man mean?

a He wants to talk about their family.
b He is interested in luxurious goods.
c They have to get out alive for their children.
d He wants to carry the woman.

luxurious goods 사치품

3) How many children does the man have?

a Three siblings
b One son and one daughter
c One daughter
d Two sons

sibling 형제, 자매

1. 다시 듣고 해석해보자

지문을 눈으로 읽어 내려가며 다시 한 번 집중해서 들어보세요.

Woman	We're never going to get out of this place alive.
Man	Don't say that. Hey, Do you have any children?
Woman	A son.
Man	I have two. You know what that means? We don't have the luxury of quitting. We are going to survive this if I have to carry you the whole way.

여자	우린 결코 여기서 살아서 나가지 못해요.
남자	그런 말 말아요. 이봐요, 자식들 있어요?
여자	아들 하나요.
남자	저는 둘입니다. 그게 무슨 뜻인지 알아요? 우린 그만둘 사치를 부릴 수 없다는 거예요. 내가 당신을 끝까지 끌고 가는 한이 있더라도 우리는 여기서 살아남을 겁니다.

정답 1d2c3d

- luxury of quitting 그만둘 만큼의 사치

2. 듣고 풀자

청취 지문은 절대로 커닝하지 말고 시험 보는 학생의 마음으로 진지하게 풀어보세요.

1) 다음 중 사실인 것은?

a 해리와 남자는 동쪽 지역 출신이다.
b 해리와 남자는 서로 다른 일을 하고 있다.
c 해리는 남자가 성실하다고 생각한다.
d 해리는 지금 바쁘다.

2) Why is Harry good to the man?

a He is his employee.
b He is on top.
c He is trustworthy.
d He is from the east side.

▲ trustworthy 믿을 수 있는, 신뢰할 수 있는

3) How long has the man worked for Harry?

a Fifty years
b Forty years
c Forty-four years
d Fourteen years

2. 다시 듣고 해석해보자

지문을 눈으로 읽어 내려가며 다시 한 번 집중해서 들어보세요.

Harry	I understand we're having problems with some boys from the east side.
Andrew	I'm on top of it. Harry, you have a second?
Harry	Yeah. What?
Andrew	I've worked for you for a long time.
Harry	Fourteen years.
Andrew	And you've been real good to me.
Harry	That is only because you have been loyal and you are the only one I trust.

해리	동쪽 지역에서 온 녀석들 때문에 골치를 썩고 있다는 사실을 안다네.
앤드류	제가 알아서 관리하고 있어요. 해리, 시간 좀 있어요?
해리	그럼. 뭔데?
앤드류	전 당신 밑에서 오랫동안 일해왔어요.
해리	14년간.
앤드류	그리고 제게 정말 잘해주셨어요.
해리	그건 단지 자네가 성실했고, 내가 믿을 수 있는 유일한 사람이었기 때문이야.

정답 1c2c3d

- on top of ~을 잘 관리하는, 잘 장악하고 있는, ~에 정통한
  loyal 충성스러운, 성실한

3. 듣고 풀자

청취 지문은 절대로 커닝하지 말고 시험 보는 학생의 마음으로 진지하게 풀어보세요.

1) 대니에 대한 경찰관의 태도는?

a 의심하고 있다.
b 귀찮아하고 있다.
c 반가워하고 있다.
d 걱정하고 있다.

2) Why did the policeman stop the man?

a For popping his trunk.
b For stepping out of the vehicle.
c For running a stop sign.
d For driving a stolen vehicle.

pop (툭 하고) 열다, 툭 튀어나오다　　step out of ~로부터 걸어 나오다
run a stop sign 정지신호를 위반하다

3) What can be inferred from the conversation?

a The policeman and Danny were acquaintances.
b Danny was dumb.
c Danny didn't know he was driving a stolen vehicle.
d The policeman was making fun of Danny.

acquaintance (친하진 않고, 안면이 있는) 아는 사람
make fun of ~를 상대로 장난을 치다, ~를 놀리다

3. 다시 듣고 해석해보자

지문을 눈으로 읽어 내려가며 다시 한 번 집중해서 들어보세요.

Danny	Problem, Officer?
Officer	Yes. Step out of the vehicle. You're under arrest.
Danny	For running a stop sign?
Officer	For driving a stolen vehicle. Pop the trunk and put your hands where I can see them.
Danny	I have no idea what you are talking about, Officer.
Officer	Don't play dumb with me. I know a crook when I see one.
Danny	You're making a big mistake.

대니	무슨 문제 있나요, 경관님?
경찰관	네. 차 밖으로 나오시죠. 당신을 체포합니다.
대니	정지신호 위반으로요?
경찰관	도난차량을 운전했기 때문입니다. 트렁크를 열고 내가 볼 수 있는 곳에 손을 올려두세요.
대니	무슨 말을 하는 건지 전 도통 모르겠는데요, 경관님.
경찰관	시치미 떼지 마. 사기꾼은 딱 보면 보여.
대니	지금 큰 실수 하는 겁니다.

정답 1a2d3c

- run a stop sign 정지신호를 무시하고 달리다
  [cf] run a red light 신호등을 위반하다 pop the trunk 트렁크를 열다
  play dumb 알면서 모른 척하다 crook 사기꾼

듣고 받아써보자

DAY－2

답안을 커닝하면 아무런 학습효과도 볼 수 없습니다. 답안을 가리고 받아쓰기에 임하세요.

1. We're never going to ______ this place alive.

2. Do you ______?

3. You know ______?

4. We are ______ this if I ______ you the whole way.

5. I'm ______ it.

6. Harry, you ______?

7. I' ______ for you for a long time.

8. And you've ______ me.

9. ______ the vehicle.

10. I ______ what you are ______, Officer.

11. Don't ______ me.

12. You're ______.

정답 1 get out of 2 have any children 3 what that means 4 going to survive, have to carry 5 on top of 6 have a second 7 ve worked 8 been real good to 9 Step out of 10 have no idea, talking about 11 play dumb with 12 making a big mistake

바꿔 말해보자

DAY - 2

한글 문장들을 영어로 바꿔 말해보세요. 혹시 잘 모르겠어도 일단 용감하게 도전해보세요.

1. 시치미 떼지 마.

2. 내가 당신을 끝까지 끌고 가는 한이 있더라도
우리는 여기서 살아남을 겁니다.

3. 자식들 있어요?

4. 전 당신 밑에서 오랫동안 일해왔어요.

5. 차 밖으로 나오시죠.

6. 제가 알아서 관리하고 있어요.

7. 우린 결코 여기서 살아서 나가지 못해요.

8. 지금 큰 실수 하는 겁니다.

9. 그리고 제게 정말 잘해주셨어요.

10. 해리, 시간 좀 있어요?

11. 그게 무슨 뜻인지 알아요?

12. 무슨 말을 하는 건지 전 도통 모르겠는데요, 경관님.

정답 1 Don't play dumb with me. 2 We are going to survive this if I have to carry you the whole way. 3 Do you have any children? 4 I've worked for you for a long time. 5 Step out of the vehicle. 6 I'm on top of it. 7 We're never going to get out of this place alive. 8 You're making a big mistake. 9 And you've been real good to me. 10 Harry, you have a second? 11 You know what that means? 12 I have no idea what you are talking about, Officer.

1. 듣고 풀자

청취 지문은 절대로 커닝하지 말고 시험 보는 학생의 마음으로 진지하게 풀어보세요.

1) 다음 중 사실인 것은?

a 여자는 총을 원한다.
b 남자는 총을 원한다.
c 남자는 마피아다.
d 남자는 여자를 믿지 못한다.

2) How does the woman feel in the conversation?

a Optimistic
b Worried
c Neutral
d Bored

optimistic 낙천의, 낙관적인 neutral 중립의, 이도저도 아닌

3) How does the woman feel about the man?

a Cold
b Superficial
c Concerned
d Indifferent

superficial 피상적인, 얄팍한 indifferent 무관심한

1. 다시 듣고 해석해보자

DAY – 3

지문을 눈으로 읽어 내려가며 다시 한 번 집중해서 들어보세요.

Man	Did you get a gun?
Woman	Yes. But I need to know why you need it.
Man	It's none of your business.
Woman	I don't want you to be messing around with the Mafia.
Man	Don't worry. I'm not that stupid.
Woman	Good. I don't want to find you in a body bag.
Man	Trust me, when this is over I won't be the one in a body bag.
Woman	I hope you know what you are doing.

남자	총 구해 왔어?
여자	응. 하지만 먼저 네가 왜 이게 필요한지 알아야겠어.
남자	넌 몰라도 돼.
여자	네가 그 마피아 녀석들과 놀아나는 꼴을 볼 수 없어.
남자	걱정 마. 난 그렇게 멍청하지 않아.
여자	잘됐네. 시체 가방에서 널 발견하고 싶진 않으니까.
남자	날 믿어, 이 일이 끝나면 시체 가방에 들어 있을 놈은 내가 아닐걸.
여자	네가 뭘 하는 건지 알고나 했으면 좋겠다.

정답 1b2b3c

- It's none of your business 네가 상관할 일이 아냐, 네 할 일이나 해
  mess around ~와 놀아나다, 바보짓하다 body bag 시체 운반용 가방

2. 듣고 풀자

청취 지문은 절대로 커닝하지 말고 시험 보는 학생의 마음으로 진지하게 풀어보세요.

1) 두 사람의 관계는?

a 경찰과 기자
b 경찰과 변호사
c 경찰과 용의자
d 경찰과 목격자

2) What did the policeman want from Mr. Johnson?

a He wants to help Mr. Johnson with his bag.
b He wants to help Mr. Johnson to find his bag.
c He wants to be Mr. Johnson's lawyer.
d He wants to search Mr. Johnson's bag.

▲ cooperation 협동, 협조

3) Why did Mr. Johnson not cooperate with the policeman?

a He is having a bad day.
b He wants to see the detective's identification.
c He is a policeman himself.
d He wants to see a search warrant.

▲ search warrant 수색 영장

2. 다시 듣고 해석해보자

지문을 눈으로 읽어 내려가며 다시 한 번 집중해서 들어보세요.

Detective	Mr. Johnson?
Mr. Johnson	Yes?
Detective	NYPD. I would like to check what's in your bag.
Mr. Johnson	Do you have a warrant?
Detective	Sir, could you just cooperate with me.
Mr. Johnson	I know my rights. I don't have to let you search me without a warrant. Don't make me call my lawyer.
Detective	Sir, you can do this the easy way or the hard way.
Mr. Johnson	Are you threatening me?

형사	존슨 씨?
존슨	네?
형사	뉴욕 경찰입니다. 그 가방 안에 뭐가 들어 있는지 확인하고 싶은데요.
존슨	영장 가지고 있나요?
형사	선생님, 그냥 협조해주시죠.
존슨	내 권리는 나도 알아. 영장이 없다면 당신한테 수색을 당하지 않아도 돼. 내 변호사까지 부르게 하지 말라고.
형사	순순히 받으시겠습니까? 아니면 억지로 받으시겠습니까?
존슨	지금 날 협박하는 거야?

정답 1c2d3d

- detective 형사, 탐정 NYPD 뉴욕 경찰 warrant 영장 rights 권리 threaten 협박하다

3. 듣고 풀자

청취 지문은 절대로 커닝하지 말고 시험 보는 학생의 마음으로 진지하게 풀어보세요.

1) 두 사람의 대화 주제는?

a 용의자 심문

b 용의자 추적

c 고속도로 공사

d 자동차 판매

2) What is the man doing?

a He is driving a blue Mercedes.

b He is setting up a road block.

c He is a suspect.

d He is after some people in a car.

set up 세우다, 설치하다 suspect 용의자 road block 도로 장애물
be after 쫓다, 추적하다

3) Which of the information is NOT given in the passage?

a The man requests for a road block to be set up.

b The man's current location

c The man radios for help from other officers.

d The suspects' name

request 요구하다, 요청하다

3. 다시 듣고 해석해보자

지문을 눈으로 읽어 내려가며 다시 한 번 집중해서 들어보세요.

Man 1 I'm after two suspects in a blue Mercedes. Requesting backup.

Man 2 Roger that. Your location?

Man 1 I'm driving down Main Street and I think they are heading for the freeway.

Man 2 Roger that.

Man 1 Requesting a road block to be set up at the entrance of the freeway.

Man 2 I'll see what I can do.

남자 1 파란색 메르세데스 벤츠를 탄 두 명의 용의자를 쫓고 있다. 지원을 요청한다.

남자 2 알았다, 오버. 지금 어디인가?

남자 1 메인 스트리트 쪽으로 가고 있다. 용의자들은 고속도로로 가려는 것으로 보인다.

남자 2 알았다, 오버.

남자 1 고속도로 진입로에 도로장애물 설치를 요청한다.

남자 2 노력해보겠다.

정답 1b2d3d

- backup 지원 roger 알았다, 좋다, 오케이

듣고 받아써보자

DAY - 3

답안을 커닝하면 아무런 학습효과도 볼 수 없습니다. 답안을 가리고 받아쓰기에 임하세요.

1. It's ＿＿＿＿＿＿.

2. I don't want you to be ＿＿＿＿＿＿ the Mafia.

3. I'm not ＿＿＿＿＿＿.

4. I hope you know ＿＿＿＿＿＿.

5. I ＿＿＿＿＿＿ what's in your bag.

6. Sir, could you just ＿＿＿＿＿＿ me.

7. Sir, you can do this the ＿＿＿＿ or the ＿＿＿＿.

8. ＿＿ you ＿＿＿＿ me?

9. I' ＿＿＿＿＿＿ in a blue Mercedes.

10. I'm ＿＿＿＿＿＿ Main Street and
I think they are ＿＿＿＿＿＿ the freeway.

11. Requesting a road block ＿＿＿＿＿＿
at the entrance of the freeway.

12. I'll see ＿＿＿＿＿＿.

정답 1 none of your business 2 messing around with 3 that stupid 4 what you are doing 5 would like to check 6 cooperate with 7 easy way, hard way 8 Are, threatening 9 m after two suspects 10 driving down, heading for 11 to be set up 12 what I can do

바꿔 말해보자

DAY – 3

한글 문장들을 영어로 바꿔 말해보세요. 혹시 잘 모르겠어도 일단 용감하게 도전해보세요.

1. 선생님, 그냥 협조해주시죠.

2. 그 가방 안에 뭐가 들어 있는지 확인하고 싶은데요.

3. 나는 메인 스트리트 쪽으로 가고 있고 그들은 고속도로로 가려는 것으로 보인다.

4. 난 그렇게 멍청하지 않아.

5. 고속도로 진입구에 도로장애물 설치를 요청한다.

6. 네가 그 마피아 녀석들과 놀아나는 꼴을 볼 수 없어.

7. 파란색 메르세데스 벤츠를 탄 두 명의 용의자를 쫓고 있다.

8. 네가 상관할 일이 아니야.

9. 선생님, 쉬운 방법 아니면 어려운 방법으로 하실 수 있습니다.

10. 지금 네가 날 협박하는 거야?

11. 내가 할 수 있는지 알아볼게.

12. 네가 뭘 하는 건지 알고나 했으면 좋겠다.

정답 1 Sir, could you just cooperate with me. 2 I would like to check what's in your bag. 3 I'm driving down Main Street and I think they are heading for the freeway. 4 I'm not that stupid. 5 Requesting a road block to be set up at the entrance of the freeway. 6 I don't want you to be messing around with the Mafia. 7 I'm after two suspects in a blue Mercedes. 8 It's none of your business. 9 Sir, you can do this the easy way or the hard way. 10 Are you threatening me? 11 I'll see what I can do. 12 I hope you know what you are doing.

1. 듣고 풀자

청취 지문은 절대로 커닝하지 말고 시험 보는 학생의 마음으로 진지하게 풀어보세요.

1) 벤이 제안한 일에 대한 존의 생각은?

a 어리석은 일이다.
b 이득이 생기는 일이다.
c 쉬운 일이다.
d 창의적인 일이다.

2) What does Ben want from John?

a He hopes to convince John to go to prison.
b He wishes John would learn to trust him.
c He wants to do business with John.
d He hopes to learn business from John.

▲ convince 확신시키다, 수긍하게 하다, 납득시키다

3) What can be inferred from the passage?

a John had been to prison.
b Ben doesn't want John to be mixed up with his business.
c Ben had been to prison.
d John thinks that Ben is being stupid.

▲ mix up 뒤섞다, 혼란시키다, 혼동하다

1. 다시 듣고 해석해보자

지문을 눈으로 읽어 내려가며 다시 한 번 집중해서 들어보세요.

Ben	How's your business, John?
John	It's alright, Ben.
Ben	I have a proposal to make. I have a shipment of stuff coming in next week. I was wondering if you would be interested.
John	Thanks for the offer, Ben. But you know I washed my hands from that business.
Ben	You know, John. You've got to learn to loosen up.
John	I'm not going back to prison. The only way I'm not going back there is to make sure I don't do anything stupid.

벤	일은 잘돼가, 존?
존	괜찮아, 벤.
벤	내가 제안 하나 할게. 다음 주에 배로 물건이 들어올 건데, 네가 관심이 있나 해서 말이야.
존	제안은 고마워, 벤. 하지만 너도 알다시피 나 그 일에서 손 씻었어.
벤	이봐, 존. 자네는 좀 느긋해지는 법을 배울 필요가 있어.
존	난 다시는 감옥에 들어가지 않아. 그곳으로 돌아가지 않을 유일한 방법은 멍청한 짓을 절대 하지 않는 거야.

정답 1a2c3a

- shipment 선적, 화물　　loosen up 여유로워지다, 마음 편하게 먹다, (솔직히) 터놓고 얘기하다, 쫀쫀하게 굴지 않다

2. 듣고 풀자

청취 지문은 절대로 커닝하지 말고 시험 보는 학생의 마음으로 진지하게 풀어보세요.

1) 대위가 병장에게 주의를 준 이유는?

a 적의 공습이 시작되어서
b 적을 공격할 무기가 부족해서
c 적에 비해 병사의 수가 적어서
d 적의 기습을 당하기 쉬운 곳에 있어서

2) What does the Sergeant suggest?

a He thinks they should wait in ambush.
b He thinks they should get out of this place.
c He feels that they should walk in a single file.
d He thinks they should act like soldiers.

wait(lie) in ambush 숨어서 공격할 기회를 노리다, 매복하고 있다

3) Which word best describes the Captain?

a Suspicious
b Depressed
c Stern
d Cowardly

depressed 의기소침한, 침울한 cowardly 겁이 많은, 소심한, 비겁한

2. 다시 듣고 해석해보자

지문을 눈으로 읽어 내려가며 다시 한 번 집중해서 들어보세요.

Captain	Be careful. This looks like a good place for an ambush.
Sergeant Smith	Yes, Captain.
Captain	Have the men walk in a single file. Tell them to stay alert.
Sergeant Smith	Sir, I think we should be careful of sniper fire.
Captain	You are right, Sergeant. Are there any suggestions?
Sergeant Smith	I think we should retreat and avoid this place.
Captain	We are soldiers, Sergeant. Our duty is to obey commands. And our order was to secure this place.

대위	조심해. 여긴 딱 급습당하기 좋은 곳이니까.
스미스 병장	네, 대위님.
대위	병사들을 한 줄로 걷게 해. 경계태세를 늦추지 말라고 하고.
스미스 병장	대위님, 우리는 저격수의 총격을 조심해야 할 것 같습니다.
대위	맞아, 병장. 좋은 제안이 있나?
스미스 병장	철수해서 이곳을 피해야 한다고 생각합니다.
대위	우린 군인이네, 병장. 우리의 임무는 명령에 복종하는 것이지. 우리에게 내려진 명령은 이곳을 지키는 것이었고.

정답 1d2b3c

- ambush 매복 공격, 급습 single file 일렬종대
  stay alert 항상 경계태세를 취하다 sniper 저격병
  retreat 철수하다, 후퇴하다 secure 지키다, 확보하다

3. 듣고 풀자

청취 지문은 절대로 커닝하지 말고 시험 보는 학생의 마음으로 진지하게 풀어보세요.

1) 다음 중 톰에 관해 사실인 것은?

a 신참이다.
b 혼자 일하는 것을 싫어한다.
c 현재 혼자 일하고 있다.
d 태권도 검은띠 보유자다.

2) What did the Captain want to tell Tom?

a Captain wants Tom to know about the streets.
b Captain wants Tom to work with a new partner.
c Captain thinks Tom should be a rookie.
d Captain wants Tom to learn to work alone.

rookie 신참, 풋내기

3) Why did Tom disagree with the Captain?

a He wants to help his partner become a good officer.
b He wants to compare the reality and theory of police work.
c He feels his new partner would be ignorant of real police work.
d He wants to become a successful policeman on his own.

ignorant of ~에 무지한, ~을 모르는

3. 다시 듣고 해석해보자

지문을 눈으로 읽어 내려가며 다시 한 번 집중해서 들어보세요.

Captain	Tom, you are going to work with a new partner from today.
Tom	Why, Captain? You know I work alone.
Captain	No buts. It's an order. Everyone needs a partner. Besides he comes highly recommended.
Tom	He is still a rookie. He won't know anything about the streets.
Captain	He graduated top of his class and I heard he has a black belt in Taekwondo.
Tom	I don't care how good he is in theory. Reality is all that matters, Captain.

서장	톰, 오늘부터 자넨 새 파트너와 일하게 될걸세.
톰	서장님, 왜요? 저 혼자 일하는 거 아시잖아요.
서장	이의 달지 마. 이건 명령이야. 누구나 파트너는 필요해. 게다가 적극 추천을 받은 사람이야.
톰	그래도 신참이잖아요. 실전에 대해선 전혀 모를걸요.
서장	그는 수석 졸업자이고, 듣기론 태권도 검은띠 보유자래.
톰	그 친구가 이론에 얼마나 빠삭한지는 전 상관없습니다. 중요한 건 실전이죠, 서장님.

정답 1c2b3c

- No buts '그렇지만'과 같은 이의는 안 돼, 이의 달지 마
  recommend 추천하다, 권하다　　top of his class 반에서 일등

듣고 받아써보자

DAY – 4

답안을 커닝하면 아무런 학습효과도 볼 수 없습니다. 답안을 가리고 받아쓰기에 임하세요.

1. ______, John?

2. I ______ you would be interested.

3. But you know I ______ that business.

4. You've got to ______.

5. Tell them to ______.

6. Sir, I think we ______ sniper fire.

7. Are there ______?

8. Our duty is ______.

9. Besides he ______.

10. He won't know ______.

11. He ______ and I heard he has a black belt in Taekwondo.

12. ______ is ______, Captain.

정답 1 How's your business 2 was wondering if 3 washed my hands from 4 learn to loosen up 5 stay alert 6 should be careful of 7 any suggestions 8 to obey commands 9 comes highly recommended 10 anything about the streets 11 graduated top of his class 12 Reality, all that matters

바꿔 말해보자

DAY - 4

한글 문장들을 영어로 바꿔 말해보세요. 혹시 잘 모르겠어도 일단 용감하게 도전해보세요.

1. 그는 실전에 대해선 전혀 모를걸요.

2. 경계태세를 풀지 말라고 그들에게 말해.

3. 하지만 너도 알다시피 나 그 일에서 손 씻었어.

4. 우리의 임무는 명령에 복종하는 것이지.

5. 대위님, 우리는 저격수의 총격을 조심해야 할 것 같습니다.

6. 그는 수석 졸업자이고, 듣기론 태권도 검은띠 보유자래.

7. 당신에게 좋은 제안이 있나요?

8. 자네는 좀 느긋해지는 법을 배울 필요가 있어.

9. 게다가 그는 적극 추천을 받은 사람이야.

10. 네가 관심이 있나 해서 말이야.

11. 네 일은 잘 되어가, 존?

12. 중요한 건 실전이죠, 서장님.

정답 1 He won't know anything about the streets. 2 Tell them to stay alert. 3 But you know I washed my hands from that business. 4 Our duty is to obey commands. 5 Sir, I think we should be careful of sniper fire. 6 He graduated top of his class and I heard he has a black belt in Taekwondo. 7 Are there any suggestions? 8 You've got to learn to loosen up. 9 Besides he comes highly recommended. 10 I was wondering if you would be interested. 11 How's your business, John? 12 Reality is all that matters, Captain.

1. 듣고 풀자

청취 지문은 절대로 커닝하지 말고 시험 보는 학생의 마음으로 진지하게 풀어보세요.

1) 짐의 제안은 무엇인가?

a 작전을 취소하자.
b 비밀요원을 조사하자.
c 창고를 급습하자.
d 서장에게 연락하자.

2) Why did Don reject Jim's operation?

a Don has been working on this operation for six months.
b He wants to protect the identity of his undercover agent.
c Don doesn't trust Jim.
d He thinks Jim would tell the Captain.

▲ operation 군사행동, 작전　undercover 비밀리에 활동하는
identity 신원, 정체　agent 첩보원, 대리인

3) Why didn't Don tell Jim about the undercover agent?

a He likes to work on operations by himself.
b He thinks the Captain would object to his ideas.
c He likes to keep secrets.
d He didn't want to blow the cover of his agent.

▲ object to ~을 반대하다　keep secrets 비밀을 지키다
blow the cover of ~의 정체를 폭로하다

1. 다시 듣고 해석해보자

지문을 눈으로 읽어 내려가며 다시 한 번 집중해서 들어보세요.

Jim	Don, we are going to raid the warehouse tonight.
Don	I can't allow you to do that, Jim.
Jim	Why not? We have been working on this operation for six months.
Don	I have an undercover agent working on the case. I will not risk his life.
Jim	What? Why didn't you tell me before?
Don	I didn't want to blow his cover. This is something which even the captain does not know about.

짐	돈, 오늘밤 우리는 그 창고를 급습할 거야.
돈	그건 허락할 수 없어, 짐.
짐	왜 안 돼? 우린 6개월 동안 이 작전을 준비해왔어.
돈	이 사건을 조사 중인 비밀요원이 한 명이 있어. 그의 목숨을 위태롭게 할 수는 없어.
짐	뭐라고? 왜 미리 말하지 않은 거지?
돈	그의 정체를 드러내고 싶지 않았네. 이건 서장님조차도 모르는 부분이야.

정답 1c2b3d

- raid 현장급습, 불시단속　operation 군사행동, 작전
  risk one's life ~의 목숨을 위태롭게 하다

2. 듣고 풀자

청취 지문은 절대로 커닝하지 말고 시험 보는 학생의 마음으로 진지하게 풀어보세요.

1) 사라가 데이비드에게 제안한 것은?

a 좀 더 기다리자.
b 점심을 먹자.
c 경찰을 부르자.
d 계획을 취소하자.

2) What do Sarah and David want to do?

a They are planning to rob a bank.
b They want to wait for a minute.
c They want to catch a rat.
d They want to go on a lunch break.

▲ rob 강도질을 하다, 빼앗다

3) Why is Sarah suspicious?

a She doesn't trust David.
b She had just seen a rat.
c She wants to go on a lunch break.
d She thinks something is wrong.

▲ lunch break 점심시간

2. 다시 듣고 해석해보자

지문을 눈으로 읽어 내려가며 다시 한 번 집중해서 들어보세요.

Sarah	Something is wrong, David. I smell a rat.
David	Sarah, don't be so suspicious. Let's just go and rob the bank.
Sarah	No. Wait a minute. The bank is too quiet.
David	You are becoming too sensitive. Don't tell me you want to wait some more.
Sarah	Let's wait just a few more minutes.
David	Sarah, it's now or never. The guards are on their lunch break.

사라	뭔가 잘못됐어, 데이비드. 뭔가 낌새가 이상해.
데이비드	사라, 그렇게 의심스러워하지 마. 그냥 가서 은행을 털자.
사라	아니야, 잠깐만. 은행이 너무 조용해.
데이비드	넌 지금 과민해지고 있어. 좀 더 기다려보자는 말은 하지 마.
사라	몇 분만 더 기다려보자.
데이비드	사라, 지금이 절호의 기회야. 지금 청원경찰들이 점심시간이라고.

정답 1a2a3d

- smell a rat 수상히 여기다, 낌새를 맡다 rob 강도질을 하다, 빼앗다
sensitive 예민한, 과민 반응하는
now or never 지금 아니면 기회는 없다, 절호의 기회

3. 듣고 풀자

청취 지문은 절대로 커닝하지 말고 시험 보는 학생의 마음으로 진지하게 풀어보세요.

1) 상병이 이등병에게 지시한 것이 아닌 것은?

a 잠을 자지 마라.
b 캠프를 세워라.
c 보초를 서라.
d 수류탄을 근처에 두어라.

2) Why doesn't the corporal want to start a fire?

a He does not know how to start a fire.
b He thinks the enemy will see the fire.
c He doesn't feel like cooking.
d He wants to train the private to survive without fire.

private 이병 survive 살아남다

3) What will the corporal do next?

a He will start a fire.
b He will go look for the enemy.
c He will go on guard duty.
d He will check his ammunition.

go on guard duty 보초(경계)를 서다 ammunition 탄약, 무기

3. 다시 듣고 해석해보자

지문을 눈으로 읽어 내려가며 다시 한 번 집중해서 들어보세요.

Corporal	It's dark. Let's set up camp here, Private.
Private	Yes, Corporal. Do you want me to start a fire?
Corporal	No. The light would give away our position to the enemy. I'm afraid we can't cook.
Private	Sir, are there any other instructions?
Corporal	No. Catch some sleep. I'll stand guard first. I'll wake you up when it is your turn.
Private	Yes, sir.
Corporal	Make sure you have your rifle and grenades next to you.

상병	어두워졌네. 여기다 캠프를 세우자고, 이병.
이등병	네, 상병님. 불을 피울까요?
상병	아니. 빛이 적들에게 우리 위치를 알려주는 셈이 될 거야. 요리를 할 수 없게 된 건 유감이지만.
이등병	상병님, 다른 지시사항은 없습니까?
상병	아니. 잠을 좀 자두게. 내가 먼저 보초를 설 테니. 자네 차례일 때 깨우겠네.
이등병	네, 알겠습니다.
상병	소총과 수류탄을 옆에 확실히 두도록 하게.

정답 1a2b3c

- private 이병 [cf] private first class 일병 corporal 상병
give away 누설하다, 거저 주다 catch some sleep 눈을 붙이다, 잠을 자두다
stand guard 보초 서다 grenade 수류탄

듣고 받아써보자

DAY – 5

답안을 커닝하면 아무런 학습효과도 볼 수 없습니다. 답안을 가리고 받아쓰기에 임하세요.

1. I can't ______ that, Jim.
2. We ______ this operation for six months.
3. I will not ______.
4. I didn't want to ______.
5. I ______.
6. Sarah, ______.
7. You are ______.
8. Sarah, it's ______.
9. Do you want me ______?
10. The light would ______ to the enemy.
11. ______ some ______.
12. I'll ______ when it is ______.

정답 1 allow you to do 2 have been working on 3 risk his life 4 blow his cover 5 smell a rat 6 don't be so suspicious 7 becoming too sensitive 8 now or never 9 to start a fire 10 give away our position 11 Catch, sleep 12 wake you up, your turn

바꿔 말해보자

DAY – 5

한글 문장들을 영어로 바꿔 말해보세요. 혹시 잘 모르겠어도 일단 용감하게 도전해보세요.

1. 뭔가 낌새가 이상해.

2. 사라, 지금이 절호의 기회야.

3. 나는 그의 정체를 드러내고 싶지 않았네.

4. 자네 차례일 때 내가 깨우겠네.

5. 우린 6개월 동안 이 작전을 준비해왔어.

6. 사라, 그렇게 의심스러워하지 마.

7. 제가 불을 피울까요?

8. 넌 지금 과민해지고 있어.

9. 잠을 좀 자두게.

10. 나는 그의 목숨을 위태롭게 할 수는 없어.

11. 나는 그건 허락할 수 없어, 짐.

12. 빛이 적들에게 우리의 위치를 알려주는 셈이 될 거야.

정답 1 I smell a rat. 2 Sarah, it's now or never. 3 I didn't want to blow his cover. 4 I'll wake you up when it is your turn. 5 We have been working on this operation for six months. 6 Sarah, don't be so suspicious. 7 Do you want me to start a fire? 8 You are becoming too sensitive. 9 Catch some sleep. 10 I will not risk his life. 11 I can't allow you to do that, Jim. 12 The light would give away our position to the enemy.

1. 듣고 풀자

청취 지문은 절대로 커닝하지 말고 시험 보는 학생의 마음으로 진지하게 풀어보세요.

1) 다음 중 대화의 분위기는?

a 유쾌하다.
b 평화롭다.
c 슬프다.
d 긴박하다.

2) What is the woman doing?

a She is trying to calming down the hostages.
b She is persuading the man to release the people.
c She is threatening to kill the man.
d She is trying to escape the building surrounded by police.

calm down 진정시키다, 가라앉히다　persuade 설득하다　hostage 인질
escape 탈출하다

3) What does the man want?

a Hostage release
b A plane to escape
c Disarming
d Money

release 석방하다, 풀어주다　disarm 무기를 버리다, 무장해제하다

1. 다시 듣고 해석해보자

지문을 눈으로 읽어 내려가며 다시 한 번 집중해서 들어보세요.

Woman	You are surrounded. Release the hostage!
Man	Don't come any closer.
Woman	You cannot escape. Just let the hostages go!
Man	If you come any closer I will shoot them one by one.
Woman	Don't do that. You will regret it for the rest of your life.
Man	I don't care. I have nothing to lose.
Woman	Okay. What do you want?
Man	I want an airplane to take me out of the country.

여자	너는 포위됐다. 인질을 풀어줘라!
남자	한 발짝도 다가오지 마.
여자	넌 도망칠 수 없어. 그냥 인질을 보내줘!
남자	한 발짝이라도 더 다가오면 한 명씩 쏴버리겠어.
여자	그러지 마. 평생 동안 그 일을 후회할 거야.
남자	상관없어. 난 더 잃을 것도 없으니까.
여자	알았다, 원하는 게 뭔가?
남자	이 나라를 떠날 수 있도록 비행기를 하나 대기시켜.

정답 1d2b3b

- surrounded 둘러싸인, 포위된
  release 풀어주다, 석방하다, (음반, 책, 영화 등을) 출시하다　　regret 후회하다
  have nothing to lose 잃을 것이 없다, 밑져야 본전이다

2. 듣고 풀자

청취 지문은 절대로 커닝하지 말고 시험 보는 학생의 마음으로 진지하게 풀어보세요.

1) 남자에 대한 여자의 태도는?

a 반가워하고 있다.
b 의심하고 있다.
c 호의를 베풀고 있다.
d 존경하고 있다.

2) What is the man doing?

a He wants to make new friends.
b He is searching for his missing sister.
c He is out on a stroll.
d He is hoping to be a gang member.

▲ stroll 한가로이 거닐다

3) What can be inferred from the conversation?

a The man wants to start trouble with another gang.
b The man is in danger.
c The man's sister may have been abducted.
d The woman knows about the whereabouts of the man's sister.

▲ abduct 유괴하다

2. 다시 듣고 해석해보자

지문을 눈으로 읽어 내려가며 다시 한 번 집중해서 들어보세요.

Woman Tom, what are you doing here?

Man I'm looking for my sister. She has been missing for days.

Woman You know this is not your neighborhood.

Man Yes, I know that.

Woman I'm being very nice to you. But I don't know how the other gang members will react if they see you here.

Man I'm sure they will be less than pleased.

Woman Yes, especially since you are the leader of another gang.

Man I have no choice. I need to find her.

여자 톰, 여기서 뭐 하고 있어?

남자 지금 여동생을 찾고 있어. 며칠째 실종된 상태야.

여자 여기가 네 구역이 아니란 건 알고 있겠지.

남자 그래, 알고 있어.

여자 난 널 봐주는 거야. 하지만 다른 조직원들이 네가 여기 있는 걸 본다면 어떤 반응을 보일지 그건 나도 몰라.

남자 좋아하진 않겠지.

여자 그래, 특히나 네가 다른 갱단의 우두머리이니까.

남자 그래도 할 수 없어. 여동생을 찾아야 돼.

정답 1c2b3c

- react 반응하다　for days 며칠 동안
  less than pleased 조금도 기뻐하지 않다

3. 듣고 풀자

청취 지문은 절대로 커닝하지 말고 시험 보는 학생의 마음으로 진지하게 풀어보세요.

1) 여자에 대한 내용 중 사실인 것은?

a 강력계 경찰이다.
b 존슨의 살인 사건을 알고 있다.
c 살인 사건의 용의자이다.
d 형사의 질문에 답을 거부하고 있다.

2) What does the detective want to do?

a He wants to take the woman to the police station.
b He wishes to comment on the case.
c He hopes to kill Mr. Johnson.
d He wants to arrest the woman.

comment 언급하다

3) What can be inferred from the conversation?

a Mr. Johnson was murdered by the woman.
b The woman knew that the police would come for her.
c The Detective was very liberal.
d The woman was going to be put in jail.

liberal 자유로운, 편견 없는 be put in jail 감옥에 갇히다

3. 다시 듣고 해석해보자

지문을 눈으로 읽어 내려가며 다시 한 번 집중해서 들어보세요.

Detective Smith	Madam, I'm Detective Smith. Homicide, LAPD.
Woman	I was expecting you. Are you going to arrest me?
Detective Smith	No, ma'am. But I would like to escort you down to the station for some questioning.
Woman	Sure, no problem. Are you going to question me about Mr. Johnson's murder?
Detective Smith	No comments. I'll answer your questions down at the station.
Woman	Am I a prime suspect in this case?
Detective Smith	I am not at liberty to answer any of your questions.

스미스 형사	부인, 저는 스미스 형사입니다. LA 경찰 강력계입니다.
여자	예상하고 있었어요. 저를 체포하실 건가요?
스미스 형사	아니요, 부인. 경찰서로 호송해서 몇 가지 질문을 하고 싶은데요.
여자	그래요, 문제 없어요. 존슨 씨의 살인 사건에 대해 절 심문하실 건가요?
스미스 형사	그건 말씀 못 드립니다. 서에 가서 대답해드리겠습니다.
여자	제가 이 사건의 유력한 용의자인가요?
스미스 형사	저는 부인의 모든 질문에 맘대로 답할 수가 없습니다.

정답 1b2a3b

- homicide 살인, 강력계 escort 호송하다 question 심문하다, 질문하다 prime suspect 유력한 용의자 at liberty 마음대로 해도 좋은

듣고 받아써보자

답안을 커닝하면 아무런 학습효과도 볼 수 없습니다. 답안을 가리고 받아쓰기에 임하세요.

1. Don't ____________.

2. Just ____________!

3. You will regret it ____________.

4. I have ____________.

5. She ____________ for days.

6. I'm ______ very ____________.

7. I'm sure they will be ____________.

8. I ____________.

9. Are you ____________?

10. But I ____________ you down to the station for ______ ______.

11. I'll ____________ down at the station.

12. I am not ____________ any of your questions.

정답 1 come any closer 2 let the hostages go 3 for the rest of your life 4 nothing to lose 5 has been missing 6 being, nice to you 7 less than pleased 8 have no choice 9 going to arrest me 10 would like to escort, some questioning 11 answer your questions 12 at liberty to answer

바꿔 말해보자!

DAY – 6

한글 문장들을 영어로 바꿔 말해보세요. 혹시 잘 모르겠어도 일단 용감하게 도전해보세요.

1. 서에 가서 대답해드리겠습니다.

2. 난 더 잃을 것도 없으니까.

3. 저는 당신의 모든 질문에 맘대로 답할 수가 없습니다.

4. 난 네게 잘해주는 중이야.

5. 그녀는 며칠째 실종된 상태야.

6. 저는 당신을 경찰서로 호송해서 몇 가지 질문을 하고 싶은데요.

7. 한 발짝도 다가오지 마.

8. 난 선택권이 없어.

9. 그냥 인질을 보내줘!

10. 당신은 저를 체포하실 건가요?

11. 너는 네 남은 일생 동안 그 일을 후회할 거야.

12. 그들이 적어도 좋아하지는 않을 거란 건 난 확실히 알아.

정답 1 I'll answer your questions down at the station. 2 I have nothing to lose. 3 I am not at liberty to answer any of your questions. 4 I'm being very nice to you. 5 She has been missing for days. 6 I would like to escort you down to the station for some questioning. 7 Don't come any closer. 8 I have no choice. 9 Just let the hostages go! 10 Are you going to arrest me? 11 You will regret it for the rest of your life. 12 I'm sure they will be less than pleased.

1. 듣고 풀자!

청취 지문은 절대로 커닝하지 말고 시험 보는 학생의 마음으로 진지하게 풀어보세요.

1) 다음 중 사실인 것은?

a 존은 토미에게 캠코더를 팔았다.

b 토미는 콜롬비아에 갈 계획이다.

c 존은 빨리 돈을 벌고 싶어 한다.

d 존은 토미의 제안을 거절했다.

2) Both Tommy and John are ________.

a Brothers

b Enemies

c Criminals

d Tourists

criminal 범죄자 tourist 여행자, 여행하는 사람

3) What is Tommy suggesting to John?

a To buy some stolen electronic goods.

b To work with him in his business dealings.

c To tell him the weather.

d To learn about the speed of making money.

business dealings 사업 교섭, 거래

1. 다시 듣고 해석해보자

지문을 눈으로 읽어 내려가며 다시 한 번 집중해서 들어보세요.

John	Check this out, Tommy! It's a brand new camcorder!
Tommy	Where did you get it, John? Is it hot?
John	Yes. There are many more items you can choose from. Are you interested?
Tommy	I don't deal with stolen electronic items, John. That is for amateurs.
John	Then, what business are you into these days?
Tommy	I have a shipment of coke coming in from Columbia tonight. Do you want to make a fast buck?
John	Sure, tell me what you want me to do.

존	이거 봐봐, 토미! 한 번도 안 쓴 새 캠코더야!
토미	어디서 났어, 존? 이게 요즘 인기야?
존	응. 이것 말고도 고를 수 있는 아이템이 더 많이 있어. 관심 있니?
토미	난 훔친 전자제품은 취급하지 않아, 존. 그건 아마추어나 하는 짓이지.
존	그럼 넌 요즘 무슨 일에 관심 있는데?
토미	오늘 밤에 콜롬비아에서 배로 코카인이 들어올 거야. 돈 빨리 벌고 싶어?
존	물론이지. 내가 뭘 해야 할지 알려줘.

정답 1c2c3b

- check ~ out (눈길을 끄는 사물, 사람을) 보다
  hot (물건이) 잘 팔리는, 방금 들어온, 최신의　　amateur 아마추어
  coke 코카인(중독성이 강한 마약의 일종)
  fast buck 빨리 벌 수 있는 돈(buck은 dollar, 즉 돈을 의미)

2. 듣고 풀자

청취 지문은 절대로 커닝하지 말고 시험 보는 학생의 마음으로 진지하게 풀어보세요.

1) 빌리는 보안관의 행동을 어떻게 생각하는가?

a 억울하다.
b 이성적이다.
c 인자하다.
d 보수적이다.

2) Why does the sheriff want to arrest Billy?

a Billy is being unreasonable.
b Billy is wanted for murder.
c Billy doesn't know what he is talking about.
d Billy has a warrant.

unreasonable 비합리적인, 부조리한 wanted 수배 중인

3) What can you infer from this conversation?

a Justice is a name of a place.
b The sheriff wants Billy to stand trial for murder.
c Self-defense is a crime.
d Billy wants to speak to a judge.

stand trial 재판정에 세우다 self-defense 자기방어, 정당방위

2. 다시 듣고 해석해보자

지문을 눈으로 읽어 내려가며 다시 한 번 집중해서 들어보세요.

Sheriff	Alright, Billy. Put your hands up. I have a warrant for your arrest.
Billy	You can't arrest me, Sheriff. I haven't done anything illegal.
Sheriff	You are wanted for killing six men. Don't pretend you don't know what I am talking about.
Billy	I killed them in self-defense. It wasn't my fault.
Sheriff	Tell that to the judge. Keep your hands where I can see them.
Billy	You are being very unreasonable, Sheriff.
Sheriff	No, the law is always fair. I'm going to bring you to justice.

보안관	자, 빌리. 손을 올려. 널 체포할 영장을 가지고 있어.
빌리	보안관님, 절 체포할 순 없어요. 전 어떤 불법도 저지르지 않았어요.
보안관	넌 여섯 명을 죽인 혐의로 수배되었어. 내가 무슨 말을 하는지 모르는 척하지 마.
빌리	저는 정당방위로 그들을 죽였어요. 제 잘못이 아니었어요.
보안관	그건 판사에게나 가서 말해. 내가 볼 수 있는 곳에 손을 둬.
빌리	이건 불합리해요, 보안관님.
보안관	아니, 법은 항상 공정해. 난 널 정의의 심판대로 데려갈 거야.

정답 1a2b3b

- wanted 지명 수배 중인　judge 재판관, 판사, 법관　justice 정의

3. 듣고 풀자

청취 지문은 절대로 커닝하지 말고 시험 보는 학생의 마음으로 진지하게 풀어보세요.

1) 벤의 행동에 대해 메리가 느끼는 감정은?

a 행복하다.
b 자랑스럽다.
c 무섭다.
d 서운하다.

2) Why doesn't Mary want to go out with Ben?

a She wants to give him a chance.
b She doesn't think he is a nice guy.
c She doesn't know him well enough.
d She wants him to prove his love for her.

▲ give ~ a chance ~에게 기회를 주다　prove 증명하다, 입증하다

3) What can you infer from the passage?

a Ben is a good liar.
b Mary is a cold-hearted person.
c Mary already has a boyfriend.
d Ben thinks Mary is the perfect girl for him.

▲ cold-hearted 무정한, 냉담한

3. 다시 듣고 해석해보자

지문을 눈으로 읽어 내려가며 다시 한 번 집중해서 들어보세요.

Ben	Mary, I'm head over heels in love with you.
Mary	How can that be? You barely know me.
Ben	But you are everything I've ever dreamed of.
Mary	I think you are exaggerating.
Ben	Please give me a chance to prove my love for you.
Mary	Look, Ben. I think you are a nice guy, but that doesn't mean I want to go out with you.
Ben	I adore you, Mary. Please give me a chance.
Mary	Ben, you are starting to scare me.

벤	메리, 난 너한테 완전히 반해버렸어.
메리	어떻게 그럴 수 있지? 넌 날 거의 알지 못하잖아.
벤	하지만 넌 내가 꿈꿔왔던 그 자체야.
메리	네가 과장이 좀 심한 거 같다.
벤	제발 내 사랑을 증명할 기회를 줘.
메리	이봐, 벤. 널 참 좋은 애라고 생각해. 하지만 그렇다고 너와 데이트하고 싶다는 건 아냐.
벤	널 너무 좋아해, 메리. 제발 나에게 한 번만 기회를 줘.
메리	벤, 이제 네가 무서워지려고 해.

정답 1c2c3d

- head over heels 홀딱 빠져, 완전히 사로잡혀
  adore 흠모하다, 아주 좋아하다, 숭배하다　barely 거의 ~ 않은(=scarcely)
  exaggerate 과장하다　go out with ~와 데이트하다
  scare 겁주다, 무섭게 하다

듣고 받아써보자

DAY-7

답안을 커닝하면 아무런 학습효과도 볼 수 없습니다. 답안을 가리고 받아쓰기에 임하세요.

1. It's a ______ !

2. ______ did you ______ , John?

3. Then, ______ these days?

4. Do you want to ______ ?

5. I haven't done ______ .

6. You ______ killing six men.

7. Tell that ______ .

8. You are ______ , Sheriff.

9. Mary, I'm ______ in love with you.

10. You ______ me.

11. Please ______ to prove my love for you.

12. Ben, you are ______ .

정답 1 brand new camcorder 2 Where, get it 3 what business are you into 4 make a fast buck 5 anything illegal 6 are wanted for 7 to the judge 8 being very unreasonable 9 head over heels 10 barely know 11 give me a chance 12 starting to scare me

바꿔 말해보자

DAY - 7

한글 문장들을 영어로 바꿔 말해보세요. 혹시 잘 모르겠어도 일단 용감하게 도전해보세요.

1. 넌 여섯 남자들을 죽인 혐의로 수배되었어.
2. 제발 너를 위한 내 사랑을 증명할 기회를 줘.
3. 완전히 새로운 캠코더야!
4. 이제 네가 무서워지려고 해.
5. 그건 판사에게나 가서 말해.
6. 돈 빨리 벌고 싶어?
7. 넌 날 거의 알지 못하잖아.
8. 전 어떤 불법 행위도 저지르지 않았어요.
9. 당신은 매우 불합리한 일을 하고 있어요.
10. 그거 어디서 났어?
11. 그럼, 넌 요즘 무슨 일에 빠져 있는데?
12. 난 너한테 완전히 반해버렸어.

정답 1 You are wanted for killing six men. 2 Please give me a chance to prove my love for you. 3 It's a brand new camcorder! 4 You are starting to scare me. 5 Tell that to the judge. 6 Do you want to make a fast buck? 7 You barely know me. 8 I haven't done anything illegal. 9 You are being very unreasonable. 10 Where did you get it? 11 Then, what business are you into these days? 12 I'm head over heels in love with you.

Genre **2**
Love & Romance

사람들이 가장 많이 기억하고,
심지어 사랑하는 사람에게 응용해서
점수를 따기도 하는 명대사.
로맨틱 무비에서 익히고 바로 실습해보자고요.

오해 하나, 리스닝은 리스닝만의 문제이다?

결코 아니다. 모르는 단어는 안 들린다라는 말도 있듯이 어휘를 많이 알면 그만큼 잘 들린다. 단, 단어의 정확한 발음을 알고 있다는 전제하에서이다.

Cruise vacation still have plenty of options에서 많은 이라는 뜻의 plenty of는 〔plênti ʌv〕라고 분명히 발음되지 않고 〔plêniəv〕로 〔t〕가 사라진다. 이렇게 plenty of라는 표현과 그 발음을 알면, 〔nt〕 뒤에 〔모음〕이 올 때 〔t〕가 생략된다는 발음 현상을 몰라도 plenty of를 알아듣는다. 어휘력보다 더 중요한 것은 문장구조 파악이다.

단어가 머릿속에 들리는 대로 죽 나열만 될 뿐, 뜻이 파악되지 않으면 들었다고 할 수 없다. 문맥을 파악하면 모르는 단어 한두 개쯤 나와도 뜻을 유추할 수 있다.

원어민이라고 해도 문법이 약해서 문장 구조를 잘 모르면, 소리가 아예 생략되거나 약화되는 시제나 조동사 등을 정화하게 듣지 못한다.

가령 A number of parents have (collapse) after hearing that their children died에서 괄호 안에 든 collapse의 올바른 형태는 무엇일까? 눈으로 보면 have가 있고 동사 collapse가 있으니 have p.p.의 현재완료이므로 callapsed가 되어야 한다는 것을 알 수 있다. 이것을 듣는다고 생각해보자.

have는 십중팔구 〔hæv〕가 아니라 〔əv〕로 발음하기 때문에 넋 놓고 있다간 have가 아니라 of를 들었다고 착각할 수 있다. 그렇게 되면 동사는 어디로 갔는지 오리무중이 되는 것이다. 어디까지가 주어부이고, 어디까지가 동사부이고, 또 수식절이 이어지는지… 귀로 파악되어야 한다. 이해가 안 되는 문장구조는 문법을 동원해 이해하고 넘어가면, 다음부터는 같은 문장구조를 가지고 헤매는 일이 없을 것이다.

1. 듣고 풀자!

청취 지문은 절대로 커닝하지 말고 시험 보는 학생의 마음으로 진지하게 풀어보세요.

1) 조지가 생각하는 자신의 문제는?

a 경제적 어려움
b 결혼 경력
c 범죄 경력
d 건강 악화

2) Which word best describes George's emotions before his declaration to Michelle?

a Relief
b Glad
c Anxious
d Neutral

declaration 고백, 선언 anxious 근심스러운, 불안한 relief 안심, 위안

3) Why is Michelle not upset with George?

a Michelle is too deeply in love with him.
b George is a very understanding person.
c Michelle also has a six-year-old child.
d George begged her to marry him.

beg 빌다, 부탁하다

1. 다시 듣고 해석해보자

지문을 눈으로 읽어 내려가며 다시 한 번 집중해서 들어보세요.

George	I want to marry you, Michelle, but there is one problem.
Michelle	What is it?
George	I was married before and I have a six-year-old daughter.
Michelle	Really? Does she look like you?
George	That's what people say. Aren't you upset?
Michelle	No, George. Why should I be? I love you and everything about you, even your daughter.
George	Thank you for being so understanding.
Michelle	I'm just doing what my heart tells me to do.

조지	당신과 결혼하고 싶어, 미셸. 하지만 그전에 한 가지 문제가 있어.
미셸	그게 뭐죠?
조지	난 전에 결혼한 적이 있고, 여섯 살 된 딸이 하나 있어.
미셸	그래요? 그 아이가 당신을 닮았나요?
조지	사람들이 그렇다고 하더군. 당신 화나지 않아?
미셸	아뇨, 조지. 제가 왜 그래야 하죠? 전 당신과 당신의 모든 것, 당신의 아이까지도 사랑해요.
조지	그렇게 이해해줘서 고마워.
미셸	전 그냥 제 마음이 원하는 대로 하는 것뿐이에요.

정답 1b2c3a

- look like ~을 닮다, ~처럼 생기다, ~처럼 보이다 upset 화난
understanding 이해심 있는

2. 듣고 풀자

청취 지문은 절대로 커닝하지 말고 시험 보는 학생의 마음으로 진지하게 풀어보세요.

1) 질에 대한 스티브의 태도는?

a 호의적이다.
b 적대적이다.
c 무관심하다.
d 권위주의적이다.

2) What did Jill assume about Steve?

a She assumed Steve was lost.
b She thought Steve was there to pick up someone.
c She assumed Steve was trying to hit on her.
d She thought Steve was lucky.

assume 추측하다, 단정하다　pick up ~을 (차로) 데려기다, (맡긴 물건을) 찾아오다　hit on 치근거리다, 꼬시려 하다

3) What can you infer from the passage?

a Jill is interested in Steve.
b Steve is waiting for a friend.
c Jill wants to meet Steve next time.
d Steve is trying to ask Jill out on a date.

ask out (on a date) 데이트 신청하다

2. 다시 듣고 해석해보자

지문을 눈으로 읽어 내려가며 다시 한 번 집중해서 들어보세요.

Steve	Excuse me, don't I know you from somewhere?
Jill	I don't think so.
Steve	I'm sure I've seen you before somewhere. By the way, my name is Steve.
Jill	Hello, Steve. I'm Jill. Is this your favorite pick-up line?
Steve	Please don't misunderstand. I really thought you were someone I knew.
Jill	It's alright. Better luck next time, Steve.
Steve	Wait. Since we already exchanged names, can I buy you a cup of coffee?

스티브	실례합니다만, 우리 어디서 본 적 있지 않나요?
질	아닐걸요.
스티브	확실히 전에 어디서 본 적 있어요. 그건 그렇고, 제 이름은 스티브입니다.
질	안녕하세요, 스티브. 전 질이에요. 이런 식으로 작업 걸기를 좋아하시나 봐요?
스티브	제발 오해는 마세요. 정말 제가 아는 분인 줄 알았어요.
질	괜찮아요. 다음번엔 운이 따르길 빌게요, 스티브.
스티브	잠깐, 이미 이름까지 교환한 마당에 제가 커피 한 잔 사도 될까요?

정답 1a2c3d

- Don't I know you from somewhere? 우리 혹시 구면 아닌가요? 어디서 뵙지 않았나요? pick-up line 이성을 유혹하는 '작업용' 말
Better luck next time 다음번엔 행운이 따르길 exchange names 통성명하다

3. 듣고 풀자

청취 지문은 절대로 커닝하지 말고 시험 보는 학생의 마음으로 진지하게 풀어보세요.

1) 다음 중 사실인 것은?

a 해리는 샐리가 자신에게 부족하다고 생각한다.
b 해리는 샐리가 자신에게 과분하다고 생각한다.
c 해리는 샐리와 약혼하길 원한다.
d 해리는 샐리에게 나쁜 감정을 갖고 있다.

2) What does Harry want from Sally?

a He wants her to pardon him.
b He wants to change her mind.
c He wants to end their relationship.
d He wants her to help him with his problem.

pardon 용서하다, 사면하다

3) What is Harry's problem?

a He thinks Sally is being psychotic.
b He feels Sally is not serious enough.
c He can't make himself commit to the relationship.
d He keeps changing his mind.

psychotic 정신 이상의, 정신병자
commit to ~을 충분히 지키다, ~에 헌신(전념)하다

3. 다시 듣고 해석해보자

지문을 눈으로 읽어 내려가며 다시 한 번 집중해서 들어보세요.

Harry Sally, I'm sorry but I think we should break up.
Sally Why, Harry? Am I not good enough for you?
Harry No, you are too good to be true. But I have a problem with committing to a relationship.
Sally So, is this it?
Harry Yes. I hope you won't have any hard feelings.
Sally Can I do anything to make you change your mind?
Harry No, I don't think so. I've thought about this long and hard.

해리 샐리, 미안하지만 우리 헤어지는 게 좋겠어.
샐리 왜, 해리? 내가 너한테 부족한 거니?
해리 아니, 넌 너무 과분해서 현실 같지 않을 정도야. 하지만 우리 관계를 계속 지켜가는 게 힘들어.
샐리 그래서, 이걸로 끝이라고?
해리 그래. 나쁜 감정은 없었으면 좋겠어.
샐리 네 마음을 돌리기 위해서 내가 할 수 있는 게 없을까?
해리 아니, 없을 거야. 오랫동안 신중히 생각해본 거야.

정답 1b2c3c

- break up 헤어지다, 깨지다 too good to be true 너무 좋아 사실 같지 않다 hard feelings (나쁜) 감정, 뒤끝

듣고 받아써보자

DAY – 8

답안을 커닝하면 아무런 학습효과도 볼 수 없습니다. 답안을 가리고 받아쓰기에 임하세요.

1. Does she ______?

2. That's ______.

3. Thank you for ______.

4. I'm just doing ______ me to do.

5. Excuse me, ______ from somewhere?

6. Please ______.

7. ______, Steve.

8. Since we already ______, can I ______ you ______ ______?

9. Sally, I'm sorry but I think we ______.

10. Am I not ______ you?

11. I hope you won't ______.

12. I've thought about this ______.

정답 1 look like you 2 what people say 3 being so understanding 4 what my heart tells 5 don't I know you 6 don't misunderstand 7 Better luck next time 8 exchanged names, buy, a cup of coffee 9 should break up 10 good enough for 11 have any hard feelings 12 long and hard

바꿔 말해보자

DAY - 8

한글 문장들을 영어로 바꿔 말해보세요. 혹시 잘 모르겠어도 일단 용감하게 도전해보세요.

1. 그 여자아이가 당신을 닮았나요?

2. 다음번엔 운이 따르길 빌게요, 스티브.

3. 나는 이 문제를 오랫동안 신중히 생각해왔어.

4. 그렇게 이해해줘서 고마워.

5. 이미 이름까지 교환한 마당에 제가 커피 한잔 사도 될까요?

6. 샐리, 미안하지만 우리 헤어지는 게 좋겠어.

7. 제발 오해는 하지 마세요.

8. 사람들이 그렇다고 하더군.

9. 내가 너한테 부족한 거니?

10. 네게 나쁜 감정이 안 남길 난 바라.

11. 전 그냥 제 마음이 원하는 대로 하는 것뿐이에요.

12. 실례합니다만, 우리 어디서 본 적 있지 않나요?

정답 1 Does she look like you? 2 Better luck next time, Steve. 3 I've thought about this long and hard. 4 Thank you for being so understanding. 5 Since we already exchanged names, can I buy you a cup of coffee? 6 Sally, I'm sorry but I think we should break up. 7 Please don't misunderstand. 8 That's what people say. 9 Am I not good enough for you? 10 I hope you won't have any hard feelings. 11 I'm just doing what my heart tells me to do. 12 Excuse me, don't I know you from somewhere?

1. 듣고 풀자

청취 지문은 절대로 커닝하지 말고 시험 보는 학생의 마음으로 진지하게 풀어보세요.

1) 제시카가 샘에게 제안한 것은?

a 커피를 마시자.
b 영화를 보자.
c 요리를 하자.
d 꽃을 사자.

2) Where is this conversation taking place?

a At a coffee shop
b Over the telephone
c At a restaurant
d In front of Jessica's house

take place 일어나다, 발생하다　over the telephone 전화상으로

3) What can you infer from the conversation?

a Jessica is going to send Sam home.
b Sam bought an expensive gift for Jessica.
c They are fond of each other.
d Jessica likes to drink coffee.

be fond of ~를 좋아하다

1. 다시 듣고 해석해보자

지문을 눈으로 읽어 내려가며 다시 한 번 집중해서 들어보세요.

Jessica	Sam, thanks for walking me home. Here is where I live.
Sam	I hope you had a good time tonight. Because I definitely did.
Jessica	Yes, I did. Thank you for the lovely dinner and the flowers.
Sam	No, it was my pleasure. So, can I see you again, Jessica?
Jessica	Of course. Call me when you are free.
Sam	Okay, I will. I really enjoyed your company tonight.
Jessica	Yes, me too. Do you want to come up for a cup of coffee?
Sam	Are you sure? Can I?

제시카	샘, 집까지 바래다줘서 고마워. 여기가 내가 사는 곳이야.
샘	오늘 밤 좋은 시간이었길 바라. 난 정말 그랬거든.
제시카	응, 좋은 시간이었어. 멋진 저녁과 꽃, 고마워.
샘	천만에, 내가 오히려 고마웠지. 담에 또 볼 수 있겠지, 제시카?
제시카	물론이지. 한가할 때 전화해.
샘	좋아, 그럴게. 오늘 밤 너랑 같이 있어서 정말 좋았어.
제시카	나도 그래. 들어와서 커피 한잔할래?
샘	정말? 그래도 될까?

정답 1a2d3c

- walk ~와 함께 걸어가주다, (애완동물을) 산책시키다　definitely 확실히, 분명히
it's my pleasure 별말을, 나도 기뻐(thank you에 대한 대답으로 흔히 쓰임)
company 동행, 동반, 함께함

2. 듣고 풀자

청취 지문은 절대로 커닝하지 말고 시험 보는 학생의 마음으로 진지하게 풀어보세요.

1) 예상되는 줄리의 기분은?

a 슬프다.
b 기쁘다.
c 두렵다.
d 황당하다.

2) Why is David so nervous?

a He is guilty of doing something wrong.
b He is afraid of shocking Julie.
c He is worried Julie would reject his proposal.
d He wants to break up with Julie.

nervous 불안한, 초조한, 안절부절못하는　　proposal 청혼, 제안
guilty 떳떳치 못한, 가책을 느끼는

3) How long has the couple been dating?

a Four years
b Annually
c One year
d Two years

annually 매년, 1년에 한 번씩

2. 다시 듣고 해석해보자

DAY – 9

지문을 눈으로 읽어 내려가며 다시 한 번 집중해서 들어보세요.

David Julie, there is something which I must confess.
Julie What's wrong, David? Why do you look so nervous?
David Promise me you won't be shocked by what I am going to ask you.
Julie Yes, I promise.
David It has been a year since we first started dating.
And I think we should take our relationship to a new level.
Julie What do you mean?
David Will you marry me, Julie?
Julie I'd love to!

데이비드 줄리, 당신에게 고백할 게 있어.
줄리 무슨 일인데, 데이비드? 왜 그렇게 초조해해?
데이비드 내가 지금 하는 말을 듣고 충격받지 않겠다고 약속해줘.
줄리 그래, 약속할게.
데이비드 우리가 사귄 지 1년이 지났어. 난 우리의 관계가 한 단계 더 진전해야 한다고 생각해.
줄리 그게 무슨 말이야?
데이비드 나와 결혼해주겠어, 줄리?
줄리 물론이지!

정답 1b2c3c

- confess 고백하다 shocked 충격받은

3. 듣고 풀자

청취 지문은 절대로 커닝하지 말고 시험 보는 학생의 마음으로 진지하게 풀어보세요.

1) 다음 중 톰에 관해 사실인 것은?

a 재니스를 미행한 적이 있다.
b 재니스의 행동에 화를 내고 있다.
c 재니스의 직장 동료를 알고 있다.
d 사설탐정이 되기를 원한다.

2) How did Janice find out about Tom's affair?

a She took a photograph of him with another girl.
b She hired a private detective.
c She followed him to his workplace.
d She had already spoken to the other girl.

▲ take a photograph 사진을 찍다 workplace 근무지

3) What was Tom's excuse for meeting the other girl?

a He was angry with Janice.
b He needed information on the detective.
c He was meeting her for business.
d He wanted to look around town.

▲ look around 둘러보다

3. 다시 듣고 해석해보자

지문을 눈으로 읽어 내려가며 다시 한 번 집중해서 들어보세요.

Janice Tom, are you cheating on me?

Tom No, Janice. How can you say that?

Janice I have a photo of you together with another girl. Can you explain yourself?

Tom She is just a colleague from work. We were out discussing our company's new project.

Janice Tom, I hired a private detective to follow you around town. He found out more information about the two of you.

Tom I can't believe you actually did that!

Janice Hold on. Why are you getting angry? I should be the one who is angry.

재니스 당신 바람 피워?

톰 아니야, 재니스. 어떻게 그런 말을 해?

재니스 당신이 다른 여자와 함께 있는 사진을 가지고 있어. 직접 설명해줄 수 있어?

톰 그녀는 그냥 회사 동료일 뿐이야. 우린 단지 밖에서 회사의 새로운 프로젝트에 대해서 의논하고 있었던 것뿐이라고.

재니스 톰, 사설탐정을 고용해서 당신을 미행하도록 시켰어. 그 탐정이 두 사람에 대해 이것 말고도 많은 정보를 알아냈어.

톰 당신이 그런 짓을 하다니 믿을 수가 없어!

재니스 잠깐, 왜 당신이 화를 내? 화를 내야 할 사람은 바로 나라고!

정답 1b2b3c

- cheat on 바람을 피우다, 속이다　colleague 동료　hire 고용하다
  private detective 사설탐정　[cf] detective 형사, 수사관

듣고 받아써보자

DAY - 9

답안을 커닝하면 아무런 학습효과도 볼 수 없습니다. 답안을 가리고 받아쓰기에 임하세요.

1. Sam, ______.

2. I hope you ______ tonight. Because I definitely did.

3. Call me ______.

4. I really ______ tonight.

5. Why do you ______?

6. Promise me you ______ by what I am going to ask you.

7. It ______ since we first started dating.

8. ______, Julie?

9. Tom, are you ______?

10. Can you ______?

11. She is just a ______.

12. I ______ the one ______!

정답 1 thanks for walking me home 2 had a good time 3 when you are free 4 enjoyed your company 5 look so nervous 6 won't be shocked 7 has been a year 8 Will you marry me 9 cheating on me 10 explain yourself 11 colleague from work 12 should be, who is angry

바꿔 말해보자

DAY - 9

한글 문장들을 영어로 바꿔 말해보세요. 혹시 잘 모르겠어도 일단 용감하게 도전해보세요.

1. 우리가 사귄 지 1년이 지났어.

2. 화를 내야 할 사람은 바로 나라고!

3. 왜 그렇게 불안해해?

4. 샘, 집까지 바래다줘서 고마워.

5. 나와 결혼해주겠어, 줄리?

6. 그녀는 그냥 회사 동료일 뿐이야.

7. 네가 한가할 때 내게 전화해.

8. 톰, 당신 바람 피워?

9. 오늘 밤 좋은 시간이었기를 바라, 난 정말 그랬거든.

10. 오늘 밤 너랑 같이 있어서 정말 좋았어.

11. 내가 지금 하는 말을 듣고 충격받지 않겠다고 약속해줘.

12. 직접 설명해줄 수 있어?

정답 1 It has been a year since we first started dating. 2 I should be the one who is angry! 3 Why do you look so nervous? 4 Sam, thanks for walking me home. 5 Will you marry me, Julie? 6 She is just a colleague from work. 7 Call me when you are free. 8 Tom, are you cheating on me? 9 I hope you had a good time tonight, because I definitely did. 10 I really enjoyed your company tonight. 11 Promise me you won't be shocked by what I am going to ask you. 12 Can you explain yourself?

1. 듣고 풀자

청취 지문은 절대로 커닝하지 말고 시험 보는 학생의 마음으로 진지하게 풀어보세요.

1) 다음 중 대화의 주제는?

a 두 사람의 취미
b 두 사람의 인연
c 두 사람의 학교
d 두 사람의 직장

2) Mel and Sarah have all of the following in common EXCEPT?

a Driving the same kind of car.
b Graduating from the same school.
c Sharing the same kind of interests.
d Living in the same apartment building.

in common 공통으로 interests 관심사, 흥밋거리 graduate 졸업하다

3) The word which best describes the tone of the conversation is?

a Cynical
b Affectionate
c Melancholy
d Mysterious

cynical 냉소적인 affectionate 애정 깊은, 다정한 melancholy 우울한, 슬픈

1. 다시 듣고 해석해보자

DAY - 10

지문을 눈으로 읽어 내려가며 다시 한 번 집중해서 들어보세요.

Sarah You are so incredible, Mel.
Mel Thank you. So are you, Sarah.
Sarah It's really funny how we have so many things in common.
Mel Yes, it is. We have the same interests, graduated from the same school and we live in the same apartment building.
Sarah It's like destiny.
Mel Yes, we are meant to be together.
Sarah We are a match made in heaven.

사라 넌 정말 대단해, 멜.
멜 고마워. 사라, 너도 마찬가지야.
사라 우리한테 공통점이 이렇게 많다니 정말 신기해.
멜 정말 그래. 우린 관심사도 같고, 같은 학교를 졸업했지. 게다가 같은 아파트 단지에 살고 있고.
사라 이건 운명 같아.
멜 맞아, 우린 만날 수밖에 없는 인연인 거야.
사라 그래, 우린 천생연분이야.

정답 1b2a3b

- incredible 대단한, 믿기지 않는 in common 공통으로 destiny 운명 match made in heaven 천생연분, 하늘에서 맺어준 인연

2. 듣고 풀자

청취 지문은 절대로 커닝하지 말고 시험 보는 학생의 마음으로 진지하게 풀어보세요.

1) 다음 중 사실인 것은?

a 아서는 자신이 무능하다고 생각한다.
b 아서는 맨디를 창피하게 여긴다.
c 맨디는 아서보다 나이가 더 많다.
d 맨디는 타인의 시선을 신경 쓰지 않는다.

2) What is bothering Arthur?

a Mandy is listening to gossip about him.
b He is worried about what others say about their relationship.
c He thinks Mandy has been telling stories about him.
d He is worried that Mandy is sick.

bother 짜증나게 하다, 신경 거슬리게 하다 gossip 잡담, 험담

3) What is the age difference between Arthur and Mandy?

a Fifty years
b A decade
c Fourteen years
d Fifteen years

age difference 나이 차 decade 10년

2. 다시 듣고 해석해보자

지문을 눈으로 읽어 내려가며 다시 한 번 집중해서 들어보세요.

Arthur	Some people are saying that I am too old for you, Mandy.
Mandy	Don't say that. I don't care what people say.
Arthur	Me, neither. But I don't want you to be uncomfortable with me.
Mandy	Why should I? Having a relationship with you was my decision.
Arthur	But don't you think our 15 years age difference is a little too much?
Mandy	Don't worry, Arthur. Age is nothing but a number.
Arthur	I'm really glad you feel that way.

아서	어떤 사람들은 내가 당신에 비해 너무 늙었대, 맨디.
맨디	그런 말 마요. 난 다른 사람들이 뭐라든 상관없어요.
아서	나도 그래. 하지만 당신이 나 때문에 불편해지는 게 싫어.
맨디	제가 왜 그러겠어요? 당신과 만나기로 한 건 저의 결정이었어요.
아서	하지만 우리의 15년이라는 나이 차가 좀 많다고 생각하지 않아?
맨디	걱정 마요, 아서. 나이는 숫자에 불과한 거라고요.
아서	당신이 그렇게 생각한다니 정말 기뻐.

정답 1d2b3d

- have a relationship with ~와 연애하다　age difference 나이 차
nothing but 단지, 그저(=only)

3. 듣고 풀자

청취 지문은 절대로 커닝하지 말고 시험 보는 학생의 마음으로 진지하게 풀어보세요.

1) 케빈이 사이먼에게 해준 충고는?

a 편지를 써라.
b 상담사를 찾아가라.
c 단도직입적으로 말해라.
d 선물을 보내라.

2) Why is Simon depressed?

a He needs to go somewhere with a girl.
b He is doing badly in history class.
c He has a crush.
d He is having problems with his friend.

depressed 침울한, 의기소침한　crush 첫눈에 반함, 짝사랑

3) Why doesn't Simon talk to the girl in his class?

a He is waiting for some advice.
b He expects a rejection from the girl.
c He thinks he is a loser.
d He hopes to solve his problems first.

rejection 거절　loser 실패자, 바보, 얼간이, 멍청이

3. 다시 듣고 해석해보자

지문을 눈으로 읽어 내려가며 다시 한 번 집중해서 들어보세요.

Kevin Simon, why do you look so down?

Simon I have a personal problem.

Kevin What is it? Maybe I could give some advice.

Simon There is a girl in my history class whom I really like. But I just don't have the courage to speak to her.

Kevin What's wrong with you? Just ask her out.

Simon But she is the most popular girl in school. She probably doesn't even know I exist.

Kevin Don't sound like such a loser.
Let me help you. You won't go wrong.

케빈 사이먼, 왜 그렇게 우울해 보여?

사이먼 개인적인 문제가 좀 있어.

케빈 그게 뭔데? 내가 도움을 줄 수 있을지도 모르잖아.

사이먼 역사수업 듣는 학생 중에 내가 정말 좋아하는 여자아이가 있어.
하지만 그녀에게 말을 걸 용기가 없어.

케빈 뭐가 문젠데? 그냥 데이트하자고 해.

사이먼 하지만 그녀는 학교에서 가장 인기 있는 애야. 아마 나란 애가 있는 줄도 모를 거야.

케빈 그런 바보 같은 소리 좀 하지 마. 내가 도와줄게. 잘못될 일 없어.

정답 1c2c3b

- down 기운이 없는, 우울한, 축 처진　loser (비어) 뭐 하나 잘하는 게 없는 바보, 패자　You won't go wrong 잘못될 일 없어

듣고 받아써보자

DAY – 10

답안을 커닝하면 아무런 학습효과도 볼 수 없습니다. 답안을 가리고 받아쓰기에 임하세요.

1. It's really funny how we ______ so many ______.

2. We ______ the same ______, ______ the same school and we live in ______ apartment building.

3. Yes, we are ______.

4. We are a ______.

5. I don't care ______.

6. ______ you was my decision.

7. Age is ______ a number.

8. I'm really glad you ______.

9. Simon, why do you ______?

10. Maybe I could ______.

11. ______ you?

12. You ______.

정답 1 have, things in common 2 have, interests, graduated from, the same 3 meant to be together 4 match made in heaven 5 what people say 6 Having a relationship with 7 nothing but 8 feel that way 9 look so down 10 give some advice 11 What's wrong with 12 won't go wrong

바꿔 말해보자

DAY – 10

한글 문장들을 영어로 바꿔 말해보세요. 혹시 잘 모르겠어도 일단 용감하게 도전해보세요.

1. 당신이 그렇게 느낀다니 정말 기뻐.

2. 뭐가 문젠데?

3. 사이먼, 왜 그렇게 우울해 보여?

4. 맞아, 우린 만날 수밖에 없는 인연인 거야.

5. 나이는 숫자에 불과한 거라고요.

6. 우린 천생연분이야.

7. 난 다른 사람들이 뭐라든 상관없어요.

8. 넌 잘못될 일 없어.

9. 우린 관심사도 같고, 같은 학교를 졸업했고 게다가 같은 아파트단지에 살고 있다.

10. 당신과 만나기로 한 건 저의 결정이었어요.

11. 우리한테 공통점이 이렇게 많다니 정말 신기해.

12. 내가 도움을 줄 수 있을지도 모르잖아.

정답 1 I'm really glad you feel that way. 2 What's wrong with you? 3 Simon, why do you look so down? 4 Yes, we are meant to be together. 5 Age is nothing but a number. 6 We are a match made in heaven. 7 I don't care what people say. 8 You won't go wrong. 9 We have the same interests, graduated from the same school and we live in the same apartment building. 10 Having a relationship with you was my decision. 11 It's really funny how we have so many things in common. 12 Maybe I could give some advice.

1. 듣고 풀자

청취 지문은 절대로 커닝하지 말고 시험 보는 학생의 마음으로 진지하게 풀어보세요.

1) 짐이 교환학생에게 부탁할 것은?

a 파티를 열어달라.
b 파트너가 되어달라.
c 숙제를 알려달라.
d 편지를 써달라.

2) What is Jim suggesting to Johnny?

a To become an exchange student.
b To introduce him to Johnny's sister.
c To break up with his girlfriend.
d To take his date to the prom.

exchange student 교환학생 prom 미국 고등학교의 졸업파티
date 데이트 파트너, 데이트(하다)

3) What can you infer from the conversation?

a Sally will be sad when she finds out about Jim's plans.
b The exchange student is currently dating Johnny.
c Johnny is willing to help out his friend.
d The exchange student is feeling very hot.

willing 기꺼이 ~하는, 즐겨 ~하는 help out (구체적으로) 도와주다

1. 다시 듣고 해석해보자

DAY - 11

지문을 눈으로 읽어 내려가며 다시 한 번 집중해서 들어보세요.

Johnny	Jim, did you see the new exchange student?
Jim	Yes, Johnny. She is very hot.
Johnny	I wonder if she has a boyfriend.
Jim	I don't care if she has a boyfriend or not. I'm going to ask her to the prom.
Johnny	Really? I thought you were going to the prom with Sally.
Jim	Yes, me too. That was until I saw the new girl.
Johnny	Sally is going to be heartbroken.
Jim	Why don't you do me a favor and bring her to the prom?

조니	짐, 너 새로 온 교환학생 봤어?
짐	그래, 조니. 정말 끝내주더라.
조니	남자친구가 있을까.
짐	남자친구가 있건 없건 난 상관없어. 졸업파티에 파트너가 돼 달라고 할 거야.
조니	정말? 난 네가 샐리랑 파티에 가는 줄 알았는데.
짐	그래, 나도 그런 줄 알았지. 하지만 그건 이 새로운 여자애를 보기 전이라고.
조니	샐리가 상처를 입을 거야.
짐	네가 내 부탁 좀 들어줘. 네가 샐리를 졸업파티에 데려가지 않을래?

정답 1b2d3a

- exchange student 교환학생 hot 섹시한, 매우 매력적인
  heartbroken 상심한, 실연한, 비탄에 잠긴 do ~ a favor ~의 부탁을 들어주다

2. 듣고 풀자

청취 지문은 절대로 커닝하지 말고 시험 보는 학생의 마음으로 진지하게 풀어보세요.

1) 다음 중 사실인 것은?

a 켈리는 운명의 동반자를 믿지 않는다.
b 켈리는 운명의 동반자를 찾았다고 생각한다.
c 레이는 운명의 동반자를 찾았다고 생각한다.
d 레이는 켈리가 운이 좋다고 생각한다.

2) What makes Ray sure that he loves Kelly?

a It is because he is the luckiest man on earth.
b Kelly loves him as much as he loves her.
c He feels great with her and misses her when she is not around.
d Kelly is such a perfect woman that any man falls in love.

believe in (신념으로) 믿다, ~의 존재를 믿다 religion 종교

3) What word best describes Kelly's emotions after hearing what Ray said?

a Offended
b Irritated
c Overjoyed
d Indifferent

irritated 짜증이 나는 overjoyed 뛸 듯이 기뻐하는

2. 다시 듣고 해석해보자

지문을 눈으로 읽어 내려가며 다시 한 번 집중해서 들어보세요.

Ray	Kelly, do you believe in fate?
Kelly	Yes, Ray. I believe that everyone has a soul mate.
Ray	Have you found yours? I think I've found mine.
Kelly	How do you know, Ray?
Ray	When I'm with her I feel like the luckiest man on earth. And when she is not with me, I think about her all the time.
Kelly	She must be incredible!
Ray	Yes, she is perfect in my eyes.
Kelly	What a lucky girl! Who is she?
Ray	It's you.

레이	켈리, 넌 운명을 믿니?
켈리	응, 레이. 난 모든 사람에게 운명의 동반자가 한 명씩 있다고 생각해.
레이	네 짝은 찾았니? 난 찾은 것 같아.
켈리	그걸 어떻게 알아, 레이?
레이	그녀와 함께 있을 땐 내 자신이 이 세상에서 가장 운 좋은 남자가 된 기분이야. 그리고 그녀가 옆에 없으면 항상 그녀 생각을 해.
켈리	정말 굉장한 여자인가 봐!
레이	그래, 내 눈에는 완벽해.
켈리	누군지 정말 운 좋다! 누구야?
레이	너야.

정답 1c2c3c

- believe in (신념으로) 믿다, ~의 존재를 믿다 fate 운명
  soul mate (마음이 통하는) 영혼의 동반자, 운명의 반쪽

3. 듣고 풀자

청취 지문은 절대로 커닝하지 말고 시험 보는 학생의 마음으로 진지하게 풀어보세요.

1) 여자가 읽고 있는 책에 대한 남자의 반응은?

a 놀라워한다.
b 실망스러워한다.
c 지루해한다.
d 무관심하다.

2) Where is this conversation taking place?

a Library
b Diner
c Bookstore
d Park bench

▲ diner 간이식당

3) Which of the following about the woman is true?

a She assumed that the man was famous.
b She implied that the man shouldn't judge the cover of her book.
c She was wondering who was ringing the bell.
d She assumed that the man wasn't the kind of person who reads.

▲ imply 함축하다, 암시하다

3. 다시 듣고 해석해보자

지문을 눈으로 읽어 내려가며 다시 한 번 집중해서 들어보세요.

Ned	Excuse me, is this seat taken?
Sue	No, go ahead.
Ned	Thanks. This place is really crowded.
Sue	Yes, they are very famous for their set lunches.
Ned	I couldn't help wondering but are you reading a Hemingway book?
Sue	Yes, I am. *For Whom the Bell Tolls.*
Ned	What a coincidence! That's my favorite book.
Sue	You don't look like the type who reads. I guess I shouldn't judge a book by its cover.

네드	실례합니다만, 이 자리 누구 있나요?
수	아뇨, 앉으세요.
네드	고마워요, 여기 정말 사람이 많군요.
수	네, 여긴 점심 세트로 유명한 곳이에요.
네드	저 너무 궁금해서 그러는데, 헤밍웨이 책을 읽고 계신 건가요?
수	네, 《누구를 위하여 종을 울리나》를 읽고 있어요.
네드	이런 우연의 일치가! 그거 제가 가장 좋아하는 책이에요.
수	책을 읽을 부류 같진 않은데. 사람은 겉만 보고 판단해서는 안 되는가 봐요.

정답 1a2b3d

- taken 임자가 있는, 아무의 차지가 된
Go ahead. (허락하거나 권할 때) 어서 (사용)하세요, 말씀하세요
What a coincidence! 이런 우연의 일치가 있다니! judge a book by its cover 책 표지만을 보고 책을 판단하다. 즉, 겉모습만 보고 사람을 판단하다

듣고 받아써보자!

DAY – 11

답안을 커닝하면 아무런 학습효과도 볼 수 없습니다. 답안을 가리고 받아쓰기에 임하세요.

1. I ______ she has a boyfriend.

2. I'm going to ______.

3. Sally is ______.

4. Why don't you ______ and ______ to the prom?

5. Kelly, do you ______?

6. When I'm with her I ______ on earth.

7. And when she ______ me, I ______ all the time.

8. Yes, she is ______.

9. Excuse me, ______?

10. Yes, they ______ their set lunches.

11. I ______ are you reading a Hemingway book?

12. I guess I shouldn't ______.

정답 1 wonder if 2 ask her to the prom 3 going to be heartbroken 4 do me a favor, bring her 5 believe in fate 6 feel like the luckiest man 7 is not with, think about her 8 perfect in my eyes 9 is this seat taken 10 are very famous for 11 couldn't help wondering but 12 judge a book by its cover

바꿔 말해보자

DAY – 11

한글 문장들을 영어로 바꿔 말해보세요. 혹시 잘 모르겠어도 일단 용감하게 도전해보세요.

1. 켈리, 넌 운명을 믿니?

2. 그리고 그녀가 옆에 없으면 항상 그녀 생각을 해.

3. 사람은 겉만 보고 판단해서는 안 되는가 봐요.

4. 그녀에게 졸업파티의 파트너가 돼달라고 할 거야.

5. 그녀에게 남자친구가 있을지 난 궁금해.

6. 저 너무 궁금해서 그러는데, 헤밍웨이 책을 읽고 계신 건가요?

7. 실례합니다만, 이 자리 누구 있나요?

8. 샐리가 상처를 입을 거야.

9. 그래, 그녀는 내 눈에 완벽해.

10. 그녀와 함께 있을 땐 내 자신이 이 지구상에서 가장 운 좋은 남자가 된 기분이야.

11. 네, 여긴 점심세트로 유명한 곳이에요.

12. 네가 내 부탁 좀 들어줘. 네가 그녀를 졸업파티에 데려가지 않을래?

정답 1 Kelly, do you believe in fate? 2 And when she is not with me, I think about her all the time. 3 I guess I shouldn't judge a book by its cover. 4 I'm going to ask her to the prom. 5 I wonder if she has a boyfriend. 6 I couldn't help wondering but are you reading a Hemingway book? 7 Excuse me, is this seat taken? 8 Sally is going to be heartbroken. 9 Yes, she is perfect in my eyes. 10 When I'm with her I feel like the luckiest man on earth. 11 Yes, they are very famous for their set lunches. 12 Why don't you do me a favor and bring her to the prom?

1. 듣고 풀자

청취 지문은 절대로 커닝하지 말고 시험 보는 학생의 마음으로 진지하게 풀어보세요.

1) 두 사람의 대화 주제는?

a 인종 차별
b 정치 성향
c 결혼 승낙
d 안부인사

2) Which word best describes how Mike is currently feeling?

a Arrogant
b Delighted
c Shocked
d Contented

arrogant 거만한, 오만한 delighted 기쁜, 즐거운 contented 만족한

3) Which of the following can you infer from the conversation?

a Mike wants to wait a while before visiting Jane's parents.
b Jane thinks Mike should become more conservative.
c Mike already told Jane's parents about his ethnicity over the phone.
d Jane had kept a secret from both Mike and her parents.

conservative 보수적인 ethnicity 민족적(인종적) 배경

1. 다시 듣고 해석해보자

지문을 눈으로 읽어 내려가며 다시 한 번 집중해서 들어보세요.

Jane Mike, I think you should meet my parents and ask them for permission to marry me.

Mike Of course, Jane. It's no problem.

Jane But I am worried that they might not approve of you.

Mike Why? Is there something wrong?

Jane Well, you are not white.

Mike Jane, wait a minute! Your parents are going to have a problem with the color of my skin?

Jane My parents are very conservative.

Mike I even spoke to them over the phone! You mean you never told them?

제인 마이크, 자기가 우리 부모님을 만나서 나랑 결혼하게 허락해달라고 해야 할 것 같아.

마이크 물론이지, 제인. 문제 없어.

제인 그런데 부모님이 자기를 받아들이지 않으실까 봐 걱정돼.

마이크 왜? 무슨 문제라도 있니?

제인 자기가 백인이 아니라서.

마이크 제인, 잠깐만! 너희 부모님이 내 피부색을 문제 삼을 거라고?

제인 우리 부모님이 아주 보수적이시거든.

마이크 난 부모님과 전화통화도 했었어! 부모님께 한 번도 말하지 않았단 말이야?

정답 1c2c3d

- ask for permission 허락을 구하다 approve 인정하다, 승인하다 white 백인

2. 듣고 풀자

청취 지문은 절대로 커닝하지 말고 시험 보는 학생의 마음으로 진지하게 풀어보세요.

1) 남자가 꽃을 사는 이유는?

a 병문안 때문에
b 졸업식 때문에
c 생일 때문에
d 기념일 때문에

2) How many roses did the man buy?

a Seven
b Twelve
c Thirteen
d Thirty

3) What time is it now?

a Two o'clock
b Three o'clock
c Two-thirty
d Three-thirty

2. 다시 듣고 해석해보자

지문을 눈으로 읽어 내려가며 다시 한 번 집중해서 들어보세요.

Man	Can I have a dozen roses, please?
Woman	Yes, sir. What kind of roses would you like?
Man	My girlfriend's favorite color is purple. Do you have purple roses?
Woman	Yes, you are in luck. In fact, we just received some today.
Man	Great! Can you make a bouquet with it?
Woman	Yes. Is it for a special occasion?
Man	It is for our one-year anniversary.
Woman	Congratulations, sir. Would you like to have it delivered?
Man	No, I'll come pick it up myself in half an hour.
Woman	Alright. I'll see you at three o'clock then.

남자	장미 12송이 주세요.
여자	네, 손님. 어떤 종류의 장미로 드릴까요?
남자	제 여자친구가 좋아하는 색은 보라색인데, 보라색 장미 있나요?
여자	네, 운이 좋으시네요. 실은, 오늘 조금 들어온 것이 있거든요.
남자	잘됐네요! 그것으로 꽃다발을 만들어주실 수 있나요?
여자	네. 특별한 행사를 위한 건가요?
남자	저희 1주년 기념일이에요.
여자	축하드립니다, 손님. 배달해드릴까요?
남자	아뇨, 30분 뒤에 제가 와서 직접 가져갈게요.
여자	알겠습니다. 그럼 3시에 뵐게요.

정답 1d2b3c

- dozen 12 in luck 운이 좋은 pick up 찾으러 오다

3. 듣고 풀자

청취 지문은 절대로 커닝하지 말고 시험 보는 학생의 마음으로 진지하게 풀어보세요.

1) 현재 대니의 예상되는 감정은?

a 뿌듯하다.

b 화가 난다.

c 슬프다.

d 평화롭다.

2) What does Betty want Danny to promise?

a To do anything for her.

b To help her fight the disease.

c To allow her to die.

d To remarry after her death.

disease 질병 remarry 재혼하다

3) All of the following can be inferred from the conversation EXCEPT?

a Betty and Danny are husband and wife.

b Betty had been ill for quite a while.

c Danny and Betty have two sons.

d Danny is not ready to deal with Betty's death.

ill 병든 give way to ~에 굴복하다 despair 절망, 단념
deal with 참아(견뎌)내다, 해결하다

3. 다시 듣고 해석해보자

지문을 눈으로 읽어 내려가며 다시 한 번 집중해서 들어보세요.

Betty	Danny, promise me something.
Danny	What is it? I'll do anything for you.
Betty	I want you to get married again after I die.
Danny	Don't say such things, Betty. You aren't going to die. I won't allow it.
Betty	Don't be silly, Danny. I've been sick too long. I think it's time.
Danny	No. Don't give up. You can fight this disease.
Betty	Danny, just promise me, please.

베티	대니, 나랑 약속해.
대니	뭘? 당신을 위해서라면 뭐든지 할게.
베티	내가 죽고 나면 당신이 다시 결혼했으면 좋겠어.
대니	그런 말 하지 마, 베티. 당신은 죽지 않아. 내가 그렇게 되도록 하지 않을 거야.
베티	바보 같은 소리 마, 대니. 난 너무 오랫동안 아팠어. 이제 때가 온 것 같아.
대니	아냐. 포기하지 마. 넌 이 병을 이겨낼 수 있어.
베티	대니, 제발 나한테 약속해줘.

정답 1c2d3c

- Don't be silly 바보 같은 소리 마 give up 포기하다

듣고 받아써보자

DAY – 12

답안을 커닝하면 아무런 학습효과도 볼 수 없습니다. 답안을 가리고 받아쓰기에 임하세요.

1. Mike, I think you ______ and ______ to marry me.

2. But I am worried that they ______ you.

3. Your parents are going to ______ the color of my skin?

4. I even ______ them ______!

5. Can I have ______, please?

6. Is it for ______?

7. Would you like to ______?

8. No, I'll come ______ in half an hour.

9. Danny, ______.

10. I want you ______ again after I die.

11. ______, Betty.

12. You can ______.

정답 1 should meet my parents, ask them for permission 2 might not approve of 3 have a problem with 4 spoke to, over the phone 5 a dozen roses 6 a special occasion 7 have it delivered 8 pick it up myself 9 promise me something 10 to get married 11 Don't say such things 12 fight this disease

바꿔 말해보자

DAY - 12

한글 문장들을 영어로 바꿔 말해보세요. 혹시 잘 모르겠어도 일단 용감하게 도전해보세요.

1. 그런 말 하지 마, 베티.
2. 아뇨, 30분 후에 제가 와서 직접 가져갈게요.
3. 난 부모님과 전화통화도 했었어!
4. 내가 죽고 나면 당신이 다시 결혼했으면 좋겠어.
5. 마이크, 자기가 우리 부모님을 만나서 나랑 결혼하게 허락해달라고 해야 할 것 같아.
6. 그런데 부모님이 자기를 받아들이지 않으실까 봐 걱정돼.
7. 이것은 특별한 행사를 위한 건가요?
8. 넌 이 병을 이겨낼 수 있어.
9. 장미 12송이 주시겠어요?
10. 너희 부모님이 내 피부색을 문제 삼을 거라고?
11. 배달로 물건을 받으시겠어요?
12. 대니, 나랑 뭐 좀 약속해.

정답 1 Don't say such things, Betty. 2 No, I'll come pick it up myself in half an hour. 3 I even spoke to them over the phone! 4 I want you to get married again after I die. 5 Mike, I think you should meet my parents and ask them for permission to marry me. 6 But I am worried that they might not approve of you. 7 Is it for a special occasion? 8 You can fight this disease. 9 Can I have a dozen roses, please? 10 Your parents are going to have a problem with the color of my skin? 11 Would you like to have it delivered? 12 Danny, promise me something.

1. 듣고 풀자

청취 지문은 절대로 커닝하지 말고 시험 보는 학생의 마음으로 진지하게 풀어보세요.

1) 다음 중 사실인 것은?

a 레이첼은 오늘 저녁 특별한 것을 하고 싶어 한다.
b 브래드는 밖에 나가는 것을 귀찮아한다.
c 레이첼은 춤추는 것을 좋아하지 않는다.
d 브래드는 술을 마시기를 원한다.

2) What is the couple discussing?

a They are talking about the importance of going out.
b They are discussing the need for a drink.
c They are debating about famous attractions.
d They are deciding what to do at night.

debate 논쟁하다, 토론하다　attractions 관광명소, (놀이공원의) 인기 거리

3) What did they decide to do?

a They decided to go to the theater.
b They decided to visit an exhibition.
c They decided to stay at home.
d They decided to go to a club.

theater 극장　exhibition 전시회

1. 다시 듣고 해석해보자

지문을 눈으로 읽어 내려가며 다시 한 번 집중해서 들어보세요.

Brad	Rachel, what do you want to do tonight?
Rachel	Anything is fine with me. What about you?
Brad	Let me mention a few options and you can choose from them.
Rachel	Okay. Sure.
Brad	We could go to the movies, go to a club, visit an exhibition or just rent a DVD and stay at home.
Rachel	Why don't we just go to a club? I feel like dancing.
Brad	Sure, I need a drink.

브래드	레이첼, 오늘 밤에 뭐 하고 싶어?
레이첼	아무거나 난 좋아. 넌 어때?
브래드	내가 몇 가지 선택 사항을 알려줄 테니까, 그중에서 골라 봐.
레이첼	알았어. 좋아.
브래드	영화를 볼 수도 있고, 클럽에 가거나, 전시회에 가거나, 아님 그냥 DVD를 빌려서 집에서 볼 수도 있어.
레이첼	우리 그냥 클럽에 가는 게 어때? 나 춤추고 싶어.
브래드	좋아, 난 술이 필요해.

정답 1d2d3d

- options 선택 사항 rent 빌리다
  feel like ~하고 싶은 기분이 들다, ~하고 싶어지다

2. 듣고 풀자

청취 지문은 절대로 커닝하지 말고 시험 보는 학생의 마음으로 진지하게 풀어보세요.

1) 브루스는 오늘 밤 무엇을 할 예정인가?

a 데이트
b 야간 근무
c 영화 관람
d 파티 참석

2) Where is this conversation taking place?

a Over the telephone
b In the living room
c At Bruce's office
d At a restaurant

▲ living room 거실

3) Why is Nancy so upset?

a She loves her work more than Bruce.
b She thinks Bruce should be busier.
c She feels Bruce does not give her enough attention.
d She wants Bruce to do more housework.

▲ housework 집안일, 가사

2. 다시 듣고 해석해보자

지문을 눈으로 읽어 내려가며 다시 한 번 집중해서 들어보세요.

Nancy	Bruce, are you still at work?
Bruce	Yes, Nancy. I'm sorry but I don't think I can make it tonight.
Nancy	I can't believe this. You are always so busy.
Bruce	I know. I'm sorry. But I have to meet a deadline.
Nancy	Sometimes I think you love your work more than you love me.
Bruce	Come on, Nancy. That's not true.
Nancy	Forget it. I'm going to hang up. Bye.

낸시	브루스, 아직 일하고 있어?
브루스	그래, 낸시. 미안한데 나 오늘 밤 약속 못 지킬 것 같아.
낸시	믿을 수가 없어. 넌 항상 너무 바빠.
브루스	나도 알아. 미안해. 하지만 오늘 마감 시한을 맞춰서 일을 끝내야 해.
낸시	가끔씩 난 네가 나보다 네 일을 더 사랑하는 것 같다고 느낄 때가 있어.
브루스	제발, 낸시. 그건 사실이 아냐.
낸시	됐어. 나 끊을래. 안녕.

정답 1b2a3c

- meet a deadline 마감 시한에 맞추다　　hang up (전화를) 끊다

3. 듣고 풀자

청취 지문은 절대로 커닝하지 말고 시험 보는 학생의 마음으로 진지하게 풀어보세요.

1) 다음 중 사실인 것은?

a 남자와 여자는 사촌이다.
b 남자는 현재 매우 즐겁다.
c 남자는 여자에게 춤추기를 권했다.
d 여자는 춤을 잘 춘다.

2) The speakers are probably at?

a A party
b A dance school
c An auditorium
d A museum

auditorium 강당

3) What are the speakers going to do next?

a They are going to talk to Jill's cousin.
b They are going to look for more friends.
c They are going to drink some beer.
d They are going to go after the host.

go after 쫓아가다　host (행사) 주최자, (손님을 초대한) 주인

3. 다시 듣고 해석해보자

DAY – 13

지문을 눈으로 읽어 내려가며 다시 한 번 집중해서 들어보세요.

Scott	Excuse me, are you here by yourself?
Jill	Yes. Actually, the host is my cousin.
Scott	Oh, really? By the way, my name is Scott.
Jill	Nice to meet you, Scott. I'm Jill. Are you having fun?
Scott	Not really. I don't know anyone here.
Jill	Well, now you know me.
Scott	Yes. Would you like to dance?
Jill	I can't dance. Why don't we just have a beer?
Scott	Okay. But let's dance afterwards. There's nothing to it.

스콧	실례합니다만, 여기 혼자 오셨나요?
질	네. 사실, 이 파티 주최자가 제 사촌이에요.
스콧	아, 그래요? 참, 제 이름은 스콧입니다.
질	만나서 반가워요, 스콧. 전 질이라고 해요. 재미있으세요?
스콧	별로요. 여기에 아는 사람이 아무도 없거든요.
질	글쎄요, 이제 절 아시잖아요.
스콧	그러네요. 춤추실래요?
질	전 춤 못 춰요. 맥주 한잔하는 건 어때요?
스콧	좋아요. 하지만 그다음에 춤추는 겁니다. 그거 별거 아니거든요.

정답 1c2a3c

- There's nothing to it 별거 아니다, 쉽다

듣고 받아써보자

DAY – 13

답안을 커닝하면 아무런 학습효과도 볼 수 없습니다. 답안을 가리고 받아쓰기에 임하세요.

1. ______ me.

2. Let me mention ______ and you can ______.

3. ______ just go to a club?

4. I ______.

5. Bruce, are you ______?

6. I'm sorry but I don't think I ______ tonight.

7. But I have to ______.

8. I'm ______.

9. Excuse me, are you here ______?

10. Are you ______?

11. I ______ here.

12. ______ it.

정답 1 Anything is fine with 2 a few options, choose from them 3 Why don't we 4 feel like dancing 5 still at work 6 can make it 7 meet a deadline 8 going to hang up 9 by yourself 10 having fun 11 don't know anyone 12 There's nothing to

바꿔 말해보자

DAY - 13

한글 문장들을 영어로 바꿔 말해보세요. 혹시 잘 모르겠어도 일단 용감하게 도전해보세요.

1. 나 끊을래.

2. 내가 몇 가지 선택 사항을 알려줄 테니까, 그중에서 골라 봐.

3. 하지만 오늘 마감시한을 맞춰서 일을 끝내야 해.

4. 실례합니다만, 여기 혼자 오셨나요?

5. 당신은 재미있으세요?

6. 브루스, 아직 일하고 있어?

7. 아무거나 난 좋아.

8. 나는 여기에 아는 사람이 아무도 없거든요.

9. 나 춤추고 싶어.

10. 우리 그냥 클럽에 가는 게 어때?

11. 미안한데 나 오늘 밤 약속 못 지킬 것 같아.

12. 그거 별거 아니거든요.

정답 1 I'm going to hang up. 2 Let me mention a few options and you can choose from them. 3 But I have to meet a deadline. 4 Excuse me, are you here by yourself? 5 Are you having fun? 6 Bruce, are you still at work? 7 Anything is fine with me. 8 I don't know anyone here. 9 I feel like dancing. 10 Why don't we just go to a club? 11 I'm sorry but I don't think I can make it tonight. 12 There's nothing to it.

Genre 3
Family Drama

가슴이 따뜻해지는 가족 영화.
그러나 들리지가 않으면 아름답고 감동적인 스토리도
'재들이 지금 뭐 하는 거야' 하겠죠?
가족의 소중함을 일깨워주는 한마디, 영화 속에서 찾아보세요.

오해 둘, 잘 들으면 문제도 잘 푼다?

이것 역시 착각이다. 들려주는 내용의 일부만 듣고도 문제를 푸는 사람이 있고, 100% 다 듣고도 정작 중요한 문제를 틀리는 사람도 있다.

듣기와 문제 풀기는 다른 영역이다. 각종 리스닝 시험을 볼 때는 그 시험에 어떤 유형의 듣기 문제가 나오는지 알아둘 필요가 있다.

시험지를 받아들어야 비로소 문제 유형을 알 수 있는 경우라면, 시험지를 받자마자, 혹은 방송으로 지시 사항을 알려줄 때, 아니면 리스닝이 시작되기 직전에라도 문제를 얼른 봐두어야 한다. 몇 초면 된다.

들려주는 지문의 주제를 묻는 것인지, 대화의 소재를 묻는 것인지, 대화가 이루어지는 장소를 묻는 것인지, 두 사람의 관계를 묻는지, 어떤 일이 며칠, 혹은 몇 시에 일어나는지를 묻는지. 문제를 알고 지문이나 대화문을 들어야 답을 찾을 수 있다.

주제나 요지, 대화의 분위기, 대화 장소 등을 묻는 문제는 전체 내용을 들어야 정확히 풀 수 있지만, 처음이나 마지막 부분에 단서가 나와 그 부분만 들어도 답을 찾을 수 있는 경우도 종종 있다. 다음으로 시간이나 수량, 사람 등 특정 정보를 묻는 문제들은 지엽적인 사실을 놓쳐버리거나 듣고도 정작 문제를 풀 때는 잊어버리는 수가 있으므로, 문제에서 어떤 사항을 묻는지 미리 알고 방송(지문 또는 대화)을 들으며 해당 내용이 나오면 바로 답에 체크하거나 시험지에 메모하도록 한다.

이상은 리스닝 시험을 보는 기본 테크닉이다.

1. 듣고 풀자

청취 지문은 절대로 커닝하지 말고 시험 보는 학생의 마음으로 진지하게 풀어보세요.

1) 여자는 남자에 대해 어떻게 느끼고 있나?

a 걱정하고 있다.
b 증오하고 있다.
c 자랑스러워하고 있다.
d 두려워하고 있다.

2) Where is the man going?

a He is going to city hall.
b He is off to war.
c He is going to get married.
d He is leaving for the farm.

city hall 시청　off (멀리) 떠나는　leave for the farm 농장으로 일하러 떠나다

3) What can you infer from the conversation?

a The speakers are a married couple.
b The man is a famous writer.
c The woman thinks that a man should do his duty for the country.
d The government is forcing people to work on a farm.

duty 의무　force 강요하다, 억지로 시키다

1. 다시 듣고 해석해보자

DAY – 14

지문을 눈으로 읽어 내려가며 다시 한 번 집중해서 들어보세요.

Nicole	Richard, please promise to write me as often as possible.
Richard	I will do that every chance I get.
Nicole	Please take care of yourself and come back safe.
Richard	Yes, Nicole. I'll be thinking of you every waking moment.
Nicole	I can't believe the government is sending you to the battlefield.
Richard	A man has to do his duty for the country.
Nicole	What about a husband's duty to his wife?
Richard	I'm sorry.

니콜	리처드, 가능한 한 자주 편지 쓰겠다고 약속해줘.
리처드	기회 닿을 때마다 쓸게.
니콜	몸조심하고, 몸 성히 돌아오도록 해.
리처드	그래, 니콜. 깨어 있는 순간마다 널 생각할 거야.
니콜	나라에서 당신을 전쟁터로 보내다니 믿을 수 없어.
리처드	남자는 국가를 위해 의무를 다해야 하는 거야.
니콜	그렇다면 아내에 대한 남편의 의무는?
리처드	미안해.

정답 1a2b3a

- take care of 잘 보살피다, 돌보다
  every waking moment 깨어 있는 모든 순간, 항상　battlefield 전쟁터

2. 듣고 풀자

청취 지문은 절대로 커닝하지 말고 시험 보는 학생의 마음으로 진지하게 풀어보세요.

1) 8월 11일은 무슨 날인가?

a 남자의 생일
b 남자의 출장일
c 소녀의 생일
d 국경일

2) What is the little girl trying to do?

a She is reminding her father of an important meeting.
b She is letting her father know that tomorrow is a holiday.
c She is trying to trick her father into buying her a present.
d She is hinting to her father that tomorrow's her birthday.

remind A of B A에게 B를 상기시키다 trick ~ into ~ing ~를 속여서 ~하게 하다 hint 힌트를 주다, 넌지시 암시하다

3) How old is the girl?

a Eleven years old
b Twelve years old
c Thirteen years old
d She is a teenager.

teenager 십대

2. 다시 듣고 해석해보자

지문을 눈으로 읽어 내려가며 다시 한 번 집중해서 들어보세요.

Daughter	Daddy, do you know that tomorrow is August 11th?
Father	Isn't it a Thursday?
Daughter	Yes, Do you remember anything about that day?
Father	Well, I'm not sure. Is it a public holiday?
Daughter	No, guess again.
Father	Can you give me a hint?
Daughter	It's the birthday of someone you love.
Father	Oh! I get it. It is somebody's eleventh birthday.
Daughter	Yes. She hopes you bought her a really big present.

딸	아빠, 내일이 8월 11일인 것 알고 계셨어요?
아빠	목요일 아니니?
딸	네, 그날에 대해 뭐 생각나는 것 없으세요?
아빠	글쎄, 잘 모르겠는걸. 국경일이니?
딸	아뇨, 한 번 더 생각해보세요.
아빠	힌트 줄 수 있니?
딸	그날은 아빠가 사랑하는 사람의 생일이라고요.
아빠	오! 알겠다. 어떤 사람의 열한 번째 생일이로구나.
딸	네. 그녀는 아주 큰 선물을 받고 싶어 한대요.

정답 1c2d3a

- public holiday 공휴일, 국경일　　give ~ hint ~에게 힌트를 주다

3. 듣고 풀자

청취 지문은 절대로 커닝하지 말고 시험 보는 학생의 마음으로 진지하게 풀어보세요.

1) 대화의 주제는 무엇인가?

a 팀의 안부
b 팀의 아버지의 안부
c 비타민의 효능
d 비타민의 부작용

2) How many times must the father take the vitamins?

a Once a day
b Twice a day
c Thrice a day
d Thrice a week

take 복용하다, 섭취하다 thrice 세 번, 세 배로(three times)

3) Which of the following can be inferred from the passage?

a Tim is a doctor.
b Tim's father is living in a hospital.
c This conversation is taking place over the phone.
d Tim and his father live under the same roof.

under the same roof '같은 지붕 아래' 즉, '같은 집에' 산다는 뜻

3. 다시 듣고 해석해보자

지문을 눈으로 읽어 내려가며 다시 한 번 집중해서 들어보세요.

Tim	Hi, Dad. How's your health these days?
Father	I'm feeling a little under the weather, Tim.
Tim	Have you taken the medicine I sent you last week?
Father	No, I still haven't received them.
Tim	Well, I sent you some vitamins. Be sure to take them twice a day.
Father	Okay. When are you coming to visit?
Tim	I'll be there next week. See you then.

팀	안녕하세요, 아빠. 요즘 건강은 어떠세요?
아버지	몸이 좀 안 좋구나, 팀.
팀	지난주에 보내드린 약은 드셨어요?
아버지	아니, 아직 못 받았는데.
팀	비타민제를 좀 보냈어요. 잊지 말고, 하루에 두 번 꼭 챙겨 드세요.
아버지	알았다. 언제 올 거니?
팀	다음 주에 갈게요. 그때 봬요.

정답 1b2b3c

- under the weather 몸이 편치 않은, 찌뿌드드하다 take 복용하다, 섭취하다 twice a day 하루에 두 번

듣고 받아써보자

DAY – 14

답안을 커닝하면 아무런 학습효과도 볼 수 없습니다. 답안을 가리고 받아쓰기에 임하세요.

1. Richard, please promise to write me ______.

2. I will do that ______.

3. Please ______ yourself and ______.

4. I'll be thinking of you ______.

5. Do you ______ that day?

6. Can you ______?

7. It's the birthday of ______.

8. She hopes you bought her ______.

9. ______ these days?

10. I'm feeling a little ______, Tim.

11. No, I ______ them.

12. ______ take them ______.

정답 1 as often as possible 2 every chance I get 3 take care of, come back safe 4 every waking moment 5 remember anything about 6 give me a hint 7 someone you love 8 a really big present 9 How's your health 10 under the weather 11 still haven't received 12 Be sure to, twice a day

바꿔 말해보자!

DAY – 14

한글 문장들을 영어로 바꿔 말해보세요. 혹시 잘 모르겠어도 일단 용감하게 도전해보세요.

1. 리처드, 가능한 한 자주 편지 쓰겠다고 약속해줘.

2. 요즘 건강은 어떠세요?

3. 부디 몸조심하고, 몸 성히 돌아오도록 해.

4. 아니, 아직 못 받았는데.

5. 그날에 대해 뭐 생각나는 것 없으세요?

6. 잊지 말고, 하루에 두 번 꼭 챙겨 드세요.

7. 네가 나에게 힌트를 주겠니?

8. 그날은 아빠가 사랑하는 사람의 생일이라고요.

9. 몸이 좀 안 좋구나, 팀.

10. 내가 깨어 있는 매 순간 널 생각할 거야.

11. 그녀는 아주 큰 선물을 받고 싶어 한대요.

12. 기회 닿을 때마다 하겠다.

정답 1 Richard, please promise to write me as often as possible. 2 How's your health these days? 3 Please take care of yourself and come back safe. 4 No, I still haven't received them. 5 Do you remember anything about that day? 6 Be sure to take them twice a day. 7 Can you give me a hint? 8 It's the birthday of someone you love. 9 I'm feeling a little under the weather, Tim. 10 I'll be thinking of you every waking moment. 11 She hopes you bought her a really big present. 12 I will do that every chance I get.

1. 듣고 풀자

DAY -15

청취 지문은 절대로 커닝하지 말고 시험 보는 학생의 마음으로 진지하게 풀어보세요.

1) 남자에 대한 여자의 태도는?

a 칭찬하고 있다.
b 비난하고 있다.
c 안쓰러워하고 있다.
d 황당해하고 있다.

2) Why is the woman so excited?

a Her husband is getting a promotion.
b Sam is coming to visit her.
c She is starting a new business with her family.
d There is going to be a family get-together.

▲ get a promotion 승진되다, 진급되다 get-together 친목회, 모임

3) All the following people are going to be at the gathering EXCEPT?

a Nephews
b Cousins
c Aunts
d Parents

▲ nephew 조카(남자)

1. 다시 듣고 해석해보자

지문을 눈으로 읽어 내려가며 다시 한 번 집중해서 들어보세요.

Sue	I'm so excited, Sam. Tomorrow is the big family gathering.
Sam	Yes, sweetheart. Both our parents, uncles, aunts and cousins are going to be there.
Sue	I think you really did a good job putting this event together.
Sam	Thanks. It's the least I can do. I wanted to see all my relatives enjoying themselves together.
Sue	I'm sure they'll all thank you tomorrow.
Sam	None required. After all, we're all family.

수	샘, 나 너무 흥분돼. 내일 가족들이 다 모이잖아.
샘	그래, 자기야. 우리 부모님들과 삼촌, 숙모들, 사촌들이 모두 올 거야.
수	이런 자리를 만든 건 당신이 참 잘한 일이라고 생각해.
샘	고마워. 내가 할 수 있는 최소한의 일인걸. 모든 친척들이 함께 즐거워하는 모습을 보고 싶었어.
수	내일 모두들 당신에게 고마워할 거야.
샘	그런 건 없어도 돼. 어차피, 한 가족이잖아.

정답 1a2d3a

- family gathering 가족 모임
  put ~ together ~을 준비하다, 한데 모아서 정리하다　relative 친척, 친지

2. 듣고 풀자

청취 지문은 절대로 커닝하지 말고 시험 보는 학생의 마음으로 진지하게 풀어보세요.

1) 다음 중 대화의 주제로 알맞은 것은?

a 제니의 입학
b 제니의 전공
c 제니의 진로
d 제니의 여행

2) What is Jenny planning to do right after graduation?

a She intends to work in a multinational corporation.
b She will go traveling in Europe.
c She will spend some time with her family.
d She wants to start her own business.

intend 의도하다 multinational 다국적의
start a business 창업하다, 사업을 시작하다

3) What can you infer from this conversation?

a Jenny will attend grad school after her trip to Europe.
b Jenny will start looking for a job a month later.
c Jenny's father thinks she should start work immediately.
d Jenny majored in Management during college.

look for 알아보다, 찾아다니다

2. 다시 듣고 해석해보자

지문을 눈으로 읽어 내려가며 다시 한 번 집중해서 들어보세요.

Father	Jenny, congratulations on your graduation.
Jenny	Thank you, Dad. My days of studying are finally over.
Father	Don't you want to go to grad school?
Jenny	No, not at this moment.
Father	What are your plans, Jenny?
Jenny	I think I will go backpacking in Europe for about a month and then start looking for a job.
Father	What kind of job are you going to look for?
Jenny	Since I majored in Marketing, I think I will look for work in a multinational corporation.

아버지	제니, 졸업을 축하한다.
제니	고마워요, 아빠. 제가 공부해야 하는 날들이 마침내 끝났어요.
아버지	대학원에 가고 싶지 않니?
제니	아뇨, 지금은 아니에요.
아버지	제니, 네 계획은 무엇이니?
제니	한 달 정도 유럽으로 배낭여행을 갔다 온 뒤에 일자리를 구할 생각이에요.
아버지	어떤 분야의 일을 찾을 건데?
제니	제 전공이 마케팅이었기 때문에, 다국적 회사에서 일을 구할 생각이에요.

정답 1c2b3b

- grad school 대학원(graduated school 의 준말)　major in ~을 전공하다　multinational 다국적의

3. 듣고 풀자

청취 지문은 절대로 커닝하지 말고 시험 보는 학생의 마음으로 진지하게 풀어보세요.

1) 데이비드와 마크의 관계는?

a 삼촌과 조카
b 사촌 형과 동생
c 학교 친구
d 직장 동료

2) What does David's mother want him to do for Mike?

a She wants him to visit Mike over the weekend.
b She wants him to outdo Mike in school.
c She wants him to pass a message to Mike.
d She wants him to guide Mike around town.

outdo ~를 능가하다, 이기다

3) All of the following information are true EXCEPT?

a David is delighted to meet Mike.
b Mike is seventeen years old.
c David is six feet tall.
d Mike plays soccer in school.

delighted 아주 기뻐하는

3. 다시 듣고 해석해보자

지문을 눈으로 읽어 내려가며 다시 한 번 집중해서 들어보세요.

Mother	David, your cousin Mike is coming to visit over the weekend.
David	Really? That's great news! I haven't seen him in ages.
Mother	Yes, I hope you will guide him around town.
David	Sure, no problem. I wonder if he changed much.
Mother	I heard from Aunt Sue that he is no longer a little baby.
David	Of course, mom. He is already seventeen years old.
Mother	In fact I heard her say he is six feet tall and captain of the school soccer team.

엄마	데이비드, 네 사촌 마이크가 이번 주말에 온단다.
데이비드	정말요? 정말 반가운 소식이네요! 못 본 지 정말 오래됐어요.
엄마	그래, 시내 구경도 좀 시켜주렴.
데이비드	물론이죠. 문제 없어요. 걔가 많이 변했을지 궁금해요.
엄마	수 이모가 말하기론 걔도 이젠 더 이상 어린애가 아니라는구나.
데이비드	그렇겠죠, 엄마. 걔도 벌써 열일곱 살인걸요.
엄마	이모 말로는 키가 6피트에 학교 축구팀 주장이라는구나.

정답 1b2d3c

- in ages 오랫동안 no longer 더 이상 ~이 아닌
  captain 주장, 단장, 선장, 지휘관

듣고 받아써보자

DAY – 15

답안을 커닝하면 아무런 학습효과도 볼 수 없습니다. 답안을 가리고 받아쓰기에 임하세요.

1. Tomorrow is ______________.

2. I think you really ______________ this event ______.

3. It's the ________.

4. I wanted to see all my relatives ______________.

5. Jenny, ______________.

6. Don't you want to ______________?

7. I think I ______________ in Europe for about a month and then start ______________.

8. Since I ________ Marketing, I think I will ________ in a multinational corporation.

9. David, your cousin Mike is ________ over the weekend.

10. I ________ him ______.

11. Yes, I hope you will ______________.

12. I ________ Aunt Sue that he is ______ a little baby.

정답 1 the big family gathering 2 did a good job putting, together 3 least I can do 4 enjoying themselves together 5 congratulations on your graduation 6 go to grad school 7 will go backpacking, looking for a job 8 majored in, look for work 9 coming to visit 10 haven't seen, in ages 11 guide him around town 12 heard from, no longer

바꿔 말해보자

DAY – 15

한글 문장들을 영어로 바꿔 말해보세요. 혹시 잘 모르겠어도 일단 용감하게 도전해보세요.

1. 수 이모가 말하기론 걔도 이젠 더 이상 어린애가 아니라는구나.

2. 모든 친척들이 함께 즐거워하는 모습을 보고 싶었어.

3. 내일 대가족들이 다 모이잖아.

4. 데이비드, 네 사촌 마이크가 이번 주말에 온단다.

5. 그래, 난 네가 그에게 시내구경도 좀 시켜줬으면 해.

6. 이런 자리를 만든 건 당신이 참 잘한 일이라고 생각해.

7. 그를 못 본 지 정말 오래됐어요.

8. 그건 내가 할 수 있는 최소한의 일인걸.

9. 제 전공이 마케팅이었기 때문에, 다국적 회사에서 일을 구할 생각이에요.

10. 너는 대학원에 가고 싶지 않니?

11. 제니, 졸업을 축하한다.

12. 한 달 정도 유럽으로 배낭여행을 갔다 온 뒤에 일자리를 구할 생각이에요.

정답 1 I heard from Aunt Sue that he is no longer a little baby. 2 I wanted to see all my relatives enjoying themselves together. 3 Tomorrow is the big family gathering. 4 David, your cousin Mike is coming to visit over the weekend. 5 Yes, I hope you will guide him around town. 6 I think you really did a good job putting this event together. 7 I haven't seen him in ages. 8 It's the least I can do. 9 Since I majored in Marketing, I think I will look for work in a multinational corporation. 10 Don't you want to go to grad school? 11 Jenny, congratulations on your graduation. 12 I think I will go backpacking in Europe for about a month and then start looking for a job.

1. 듣고 풀자 DAY-16

청취 지문은 절대로 커닝하지 말고 시험 보는 학생의 마음으로 진지하게 풀어보세요.

1) 다음 중 사실인 것은?

a 남자는 입양에 대해 여자와 의논하길 원치 않는다.
b 남자는 입양에 대한 여자의 생각을 궁금해한다.
c 여자는 입양을 원하지 않는다.
d 여자는 아이를 기를 준비가 됐다고 생각한다.

2) Which word best describes how the woman is feeling?

a Careful
b Overjoyed
c Nervous
d Depressed

careful 신중한, 조심스러운 nervous 불안한, 초조한 overjoyed 기뻐서 날뛰는

3) Why does the man want to adopt a child?

a He doesn't want his wife to go through childbirth.
b He had thought about it for a long time.
c He wants to hear the woman's opinion.
d He thinks it will be a good deed.

go through (어려움 등을) 겪다, 거치다 childbirth 분만, 출산
deed 행위, 업적

1. 다시 듣고 해석해보자

지문을 눈으로 읽어 내려가며 다시 한 번 집중해서 들어보세요.

Jack	Sally, I'd like to discuss something with you.
Sally	Sure, honey. What's on your mind?
Jack	I've been thinking about this for a long time and I was wondering how you feel about adopting a baby.
Sally	Really? An adoption is a serious matter.
Jack	Yes, I know. But I think we will be doing something good by adopting a child.
Sally	Well, the important thing is … do you think we are ready to have a child?

잭	샐리, 당신과 의논하고 싶은 게 좀 있어.
샐리	해봐, 자기야. 무슨 얘긴데?
잭	이 문제를 오랫동안 생각해봤는데, 당신이 아이 입양하는 것을 어떻게 생각하는지 궁금해.
샐리	정말? 입양이란 건 진지하게 생각해봐야 할 문제인데.
잭	그래, 나도 알아. 하지만 아이를 입양하는 건 좋은 일을 하는 거라고 생각해.
샐리	글쎄, 중요한 것은… 당신은 우리가 아이를 기를 준비가 되어 있다고 생각해?

정답 1b2a3d

- What's on your mind? 무슨 일인데? 할 얘기가 뭐야?　　adopt 입양하다

2. 듣고 풀자

청취 지문은 절대로 커닝하지 말고 시험 보는 학생의 마음으로 진지하게 풀어보세요.

1) 현재 남자가 여자에게 바라는 것은?

a 직업을 갖길 바란다.
b 아기를 잘 돌보길 바란다.
c 휴가를 내길 바란다.
d 돈을 아껴 쓰기를 바란다.

2) Why is the man working so hard?

a He needs more money.
b He is feeling weary after work.
c He wants to be successful.
d His wife is not willing to work.

▲ weary 피곤한, 지친 willing 기꺼이 ~하려는, ~할 의향이 있는

3) What is the woman suggesting?

a She is suggesting that the man should work harder.
b She feels that the family's lack of money is a problem.
c She is tired of taking care of the baby.
d She is willing to go find a job.

▲ lack 부족, 결핍

2. 다시 듣고 해석해보자

지문을 눈으로 읽어 내려가며 다시 한 번 집중해서 들어보세요.

John	I'm home, Mary.
Mary	John, you must be tired. You are working so hard these days.
John	I'm getting paid for overtime and we need the extra cash.
Mary	I wish there was something I could do for you.
John	Don't worry. You should just take care of yourself and the baby.
Mary	Maybe I could get a job once the baby is older.
John	Sure. We could talk about that later.

존	나 왔어, 메리.
메리	존, 피곤하겠다. 당신 요즘 너무 열심히 일하는 것 같아.
존	야근 수당을 받을 거야. 우린 돈이 더 필요하잖아.
메리	내가 당신 짐을 덜어줄 만한 일이 있으면 좋을 텐데.
존	걱정 마. 당신은 당신이랑 우리 아기만 잘 돌보면 돼.
메리	아기가 더 자라면 내가 직장을 구할 수 있을 거야.
존	물론이지. 그건 나중에 얘기하자고.

정답 1b2a3d

- overtime 시간 외 근무, 잔업 cash 현금, 돈 once 일단 ~하면, 한 번, 1회

3. 듣고 풀자

청취 지문은 절대로 커닝하지 말고 시험 보는 학생의 마음으로 진지하게 풀어보세요.

1) 남자가 기분이 좋은 이유는?

a 일자리를 얻어서
b 승진을 해서
c 사업이 잘돼서
d 고급 레스토랑에서 식사를 해서

2) Which word best describes how the woman is feeling?

a Annoyed
b Delighted
c Calm
d Puzzled

annoyed 불쾌한, 짜증나는(annoy 성가시게 굴다) puzzled 곤혹스러운, 당황한

3) What is the man's job?

a Investment Banker
b Lawyer
c Accountant
d Interpreter

investment banker 증권 인수업자 interpreter 통역사

3. 다시 듣고 해석해보자

DAY – 16

지문을 눈으로 읽어 내려가며 다시 한 번 집중해서 들어보세요.

Man I have great news.
Woman What is it? You look so thrilled.
Man I just got a promotion today.
Woman Get out of here! Really?
Man You'd better believe it. You are looking at the new head of the accounting department.
Woman Congratulations! You fully deserve it. How are you going to celebrate?
Man I'm going to take my family out to a posh restaurant for dinner.

남자 좋은 소식이 있어.
여자 뭔데? 기분이 아주 좋아 보여.
남자 나 오늘 승진했어.
여자 믿기지가 않아! 사실이야?
남자 믿으라고. 지금 너는 지금 경리부의 새 부장을 보고 있는 거야.
여자 축하해! 넌 충분히 자격이 있어. 이 일을 어떻게 축하할 거야?
남자 가족들을 데리고 끝내주는 레스토랑에 가서 저녁 먹을 거야.

정답 1b2b3c

- thrilled 마음이 마구 들뜨는, 신이 나는 promotion 승진, 진급, 촉진
  Get out of here! (믿기지 않는 소식을 들었을 때) 설마! 그럴 리가! 정말이야?
  You'd better believe it 믿으라고, 믿는 게 좋아
  head of ~의 책임자, 가장 높은 사람 deserve ~에 대한 자격이 있다
  posh 근사한, 고급스런

듣고 받아써보자

DAY – 16

답안을 커닝하면 아무런 학습효과도 볼 수 없습니다. 답안을 가리고 받아쓰기에 임하세요.

1. Sally, I'd like to ______.

2. What's ______?

3. I was wondering ______ adopting a baby.

4. Well, the important thing is…
do you think we ______ a child?

5. John, you ______.

6. I'm ______ overtime and we need the ______.

7. You ______ yourself and the baby.

8. Maybe I could get a job ______.

9. I just ______ today.

10. Get ______!

11. You' ______ it.

12. You ______.

정답 1 discuss something with you 2 on your mind 3 how you feel about 4 are ready to have 5 must be tired 6 getting paid for, extra cash 7 should just take care of 8 once the baby is older 9 got a promotion 10 out of here 11 d better believe 12 fully deserve it

바꿔 말해보자

DAY-16

한글 문장들을 영어로 바꿔 말해보세요. 혹시 잘 모르겠어도 일단 용감하게 도전해보세요.

1. 샐리, 당신과 의논하고 싶은 게 좀 있어.

2. 너는 믿는 게 나을걸.

3. 야근 수당을 받을 것이고 우린 돈이 더 필요하잖아.

4. 존, 피곤하겠다.

5. 넌 충분히 자격이 있어.

6. 당신은 당신이랑 우리 아기만 잘 돌보면 돼.

7. 아기가 더 자라면 내가 직장을 구할 수 있을 거야.

8. 나 오늘 승진했어.

9. 네가 할 얘기가 뭔데?

10. 글쎄, 중요한 것은… 당신은 우리가 아이를 기를 준비가 되어 있다고 생각해?

11. 당신이 아이를 입양하는 걸 어떻게 생각하는지 궁금해.

12. 믿기지가 않아!

정답 1 Sally, I'd like to discuss something with you. 2 You'd better believe it. 3 I'm getting paid for overtime and we need the extra cash. 4 John, you must be tired. 5 You fully deserve it. 6 You should just take care of yourself and the baby. 7 Maybe I could get a job once the baby is older. 8 I just got a promotion today. 9 What's on your mind? 10 Well, the important thing is… do you think we are ready to have a child? 11 I was wondering how you feel about adopting a baby. 12 Get out of here!

1. 듣고 풀자 DAY -17

청취 지문은 절대로 커닝하지 말고 시험 보는 학생의 마음으로 진지하게 풀어보세요.

1) 현재 예상되는 남자의 심정은?

a 자랑스러워한다.
b 걱정한다.
c 분노한다.
d 실망한다.

2) All of the following are mentioned in the conversation EXCEPT?

a The girl's hair color
b The girl's name
c The girl's clothing
d The girl's age

▲ clothing 의류

3) This conversation is probably taking place at a _____.

a Department store
b Park
c Tailor shop
d Reservoir

▲ tailor shop 양복점 reservoir 저수지, 저장소

1. 다시 듣고 해석해보자

지문을 눈으로 읽어 내려가며 다시 한 번 집중해서 들어보세요.

Man	Excuse me, have you seen a little girl?
Woman	Oh, are you looking for your daughter? Can you describe her for me?
Man	She is five years old, blonde and about this tall.
Woman	What clothes was she wearing?
Man	She was wearing a white dress with pink polka dots.
Woman	I think I saw her about five minutes ago.
Man	Where did you see her?
Woman	I think she was at the Women's Clothing department on the second floor.

남자	실례합니다만, 혹시 어린 소녀 한 명 보셨나요?
여자	아, 딸을 찾고 있나요? 그 아이가 어떻게 생겼는지 설명해주겠어요?
남자	다섯 살이고, 금발머리에 이 정도 키일 거예요.
여자	그 아이는 어떤 옷을 입고 있나요?
남자	분홍색 물방울무늬가 있는 하얀색 드레스를 입고 있어요.
여자	한 5분 전에 그 아이를 본 듯해요.
남자	어디서 그 아이를 보셨죠?
여자	2층에 있는 여성 의류매장에 있었던 것 같아요.

정답 1b2b3a

- describe 묘사하다, 그리다　polka dot 물방울무늬　clothing 의류, 의복　department –매장, –부, –국

2. 듣고 풀자

청취 지문은 절대로 커닝하지 말고 시험 보는 학생의 마음으로 진지하게 풀어보세요.

1) 짐의 엄마가 짐에게 가르쳐줄 것으로 예상되는 것은?

a 양파 껍질을 벗기는 방법

b 토마토를 고르는 방법

c 토마토를 써는 방법

d 소스를 만드는 방법

2) Why did Jim's Mom reject Jim's help at first?

a She thought he hadn't finished his studies.

b She didn't like people coming into her kitchen.

c She wanted to tease Jim.

d She thought he was a bad cook.

reject 거절하다　　tease 놀리다

3) What is the first thing Jim's mother wants him to do?

a Peel the onions.

b Wash his hands.

c Slice the tomatoes.

d Rinse the onions.

slice 얇게 썰다

2. 다시 듣고 해석해보자

지문을 눈으로 읽어 내려가며 다시 한 번 집중해서 들어보세요.

Jim	Mom, do you need any help preparing dinner?
Mother	No, it's okay, Jim. Have you finished your homework?
Jim	Yes, mom. Now I want to learn how to cook.
Mother	If you insist. First, peel the onions and wash them.
Jim	Can I have something more interesting to do?
Mother	After you have washed the onions and sliced the tomatoes, I'll teach you how to make spaghetti sauce.
Jim	I got it.
Mother	But first, please wash your hands before you start.

짐	엄마, 저녁 준비하시는 거 도와드릴까요?
엄마	아니야, 괜찮아, 짐. 숙제는 다했니?
짐	네, 엄마. 이제는 요리하는 법을 배우고 싶어요.
엄마	정 그렇다면. 먼저, 양파 껍질을 벗긴 후 씻으렴.
짐	더 재미있는 일 없어요?
엄마	양파를 씻고 토마토를 얇게 썰고 나면, 스파게티 소스 만드는 법을 알려주도록 할게.
짐	알았어요.
엄마	그런데 시작하기 전에 먼저 손부터 씻으렴.

정답 1d2a3b

- if you insist (마지못해 허락할 때) 정 그렇다면
  prepare 준비하다, 차리다 finish 마치다, 끝내다 peel 껍질을 벗기다
  slice 얇게 썰다

3. 듣고 풀자

청취 지문은 절대로 커닝하지 말고 시험 보는 학생의 마음으로 진지하게 풀어보세요.

1) 할아버지가 처음 손자의 제안을 거절한 이유는?

a 날씨가 좋지 않아서
b 전화를 받아야 해서
c 몸이 아파서
d 집을 비울 수 없어서

2) What would Grandpa rather do than go for a stroll?

a See a doctor.
b Go to a public bath.
c Go to a baseball game.
d Stay at home.

stroll 이리저리 거닐기, 산책　public bath 공중목욕탕

3) Why did Grandpa decide to go for a stroll?

a He wanted to spend time with his grandson.
b He felt a need to exercise.
c He was bored of watching baseball.
d His knees hurt too much.

grandson 손자　bored 따분한, 지루한

3. 다시 듣고 해석해보자

지문을 눈으로 읽어 내려가며 다시 한 번 집중해서 들어보세요.

Joe Grandpa, let's go for a stroll.

Grandpa Joe, I'd love to. But my knees hurt. I'd rather stay in and watch a baseball game.

Joe Come on, Grandpa. You should go out and get more exercise.

Grandpa You know what? You've convinced me. Let's head out immediately.

Joe I can't wait.

Grandpa I'm going for a stroll only because I want to spend more time with you.

조 할아버지, 우리 같이 산책 가요.

할아버지 조, 나도 그러고 싶구나. 하지만 할아버지 무릎이 아프단다. 그냥 집에서 야구 경기나 봐야겠어.

조 그러시지 말고 가요, 할아버지. 밖에 나가셔서 운동을 더 하셔야 해요.

할아버지 이런, 네가 할아버지를 설득시켰구나. 당장 밖으로 나가자꾸나.

조 어서 가요.

할아버지 할아버지는 단지 너와 더 많은 시간을 보내고 싶어서 산책 나가는 것뿐이란다.

정답 1c2d3a

- hurt 아프다, 다치다, 다치게(아프게) 하다　　head out 출발하다, 나서다
  I can't wait 어서 하고 싶다, 무척 기대된다

듣고 받아써보자

DAY – 17

답안을 커닝하면 아무런 학습효과도 볼 수 없습니다. 답안을 가리고 받아쓰기에 임하세요.

1. Excuse me, ______ a little girl?

2. Can you ______?

3. She is five years old, blonde and ______.

4. I think she was at the Women's Clothing department ______.

5. Mom, do you need ______?

6. ______ your homework?

7. Can I have something ______?

8. But first, ______ before you start.

9. Grandpa, ______.

10. I' ______ and watch a baseball game.

11. ______ immediately.

12. I'm ______ only because I want to ______.

정답 1 have you seen 2 describe her for me 3 about this tall 4 on the second floor 5 any help preparing dinner 6 Have you finished 7 more interesting to do 8 please wash your hands 9 let's go for a stroll 10 d rather stay in 11 Let's head out 12 going for a stroll, spend more time with you

바꿔 말해보자

DAY - 17

한글 문장들을 영어로 바꿔 말해보세요. 혹시 잘 모르겠어도 일단 용감하게 도전해보세요.

1. 그녀가 어떻게 생겼는지 나에게 설명해주겠어요?

2. 너 숙제는 다했니?

3. 제가 더 재미있는 일을 해도 될까요?

4. 실례합니다만, 혹시 어린 소녀 한 명 보셨나요?

5. 그냥 집에서 야구 경기나 봐야겠어.

6. 나는 단지 너와 더 많은 시간을 보내고 싶어서 산책 나가는 것뿐이란다.

7. 그렇지만 첫째로, 시작하기 전에 먼저 손부터 씻으렴.

8. 할아버지, 우리 같이 산책 가요.

9. 다섯 살이고, 금발머리에 이 정도 키예요.

10. 엄마, 저녁 준비하시는 거 도와드릴까요?

11. 제 생각에는 그녀가 2층에 있는 여성 의류매장에 있었던 것 같아요.

12. 당장 밖으로 나가자꾸나.

정답 1 Can you describe her for me? 2 Have you finished your homework? 3 Can I have something more interesting to do? 4 Excuse me, have you seen a little girl? 5 I'd rather stay in and watch a baseball game. 6 I'm going for a stroll only because I want to spend more time with you. 7 But first, please wash your hands before you start. 8 Grandpa, let's go for a stroll. 9 She is five years old, blonde and about this tall. 10 Mom, do you need any help preparing dinner? 11 I think she was at the Women's Clothing department on the second floor. 12 Let's head out immediately.

1. 듣고 풀자

청취 지문은 절대로 커닝하지 말고 시험 보는 학생의 마음으로 진지하게 풀어보세요.

1) 레이가 제임스에게 충고한 것은?

a 신중하게 행동해라.
b 증거를 찾아라.
c 변호사를 만나라
d 경찰에 신고해라.

2) Why is James upset?

a His wife is not paying him enough.
b Ray is offering him serious business.
c He has trouble seeing other people.
d He thinks his wife is having an affair.

have trouble ~ing ~하는 데 어려움이 있다, ~을 잘하지 못하다
have an affair 연애하다

3) Why did James choose to talk to Ray?

a Ray is a private detective.
b Ray is good at solving difficult problems.
c Ray is trustworthy.
d Ray is a divorce lawyer.

be good at ~에 능숙하다, ~을 잘하다
trustworthy 믿을 수 있는, 신뢰할 수 있는 divorce lawyer 이혼 전문 변호사

1. 다시 듣고 해석해보자

지문을 눈으로 읽어 내려가며 다시 한 번 집중해서 들어보세요.

James	Ray, I think my wife is seeing another man.
Ray	Are you sure?
James	Something is not right. I can sense it.
Ray	Don't be rash, James. This is serious business.
James	If she is having an affair, I am going to make her pay for it.
Ray	Come on, James! Don't be like that. Besides, it's not even confirmed yet.
James	I trust you so I need you to help me solve this problem.

제임스	레이, 아내가 다른 남자를 만나고 있는 것 같아.
레이	확실해?
제임스	뭔가 느낌이 좋지 않아. 그걸 느낄 수 있어.
레이	너무 경솔해선 안 돼, 제임스. 이건 신중해야 할 일이라고.
제임스	만약 그녀가 바람을 피우고 있는 거라면, 그 대가를 치르도록 해주겠어.
레이	제발, 제임스! 그러지 마. 게다가 아직 확인된 것도 아니잖아.
제임스	난 널 믿으니까 이 문제를 해결할 수 있도록 네가 도와줘.

정답 1a2d3c

- Something is not right 뭔가 석연치 않아, 느낌이 찜찜해
  sense 감지하다, 느끼다, 감각　rash 무분별한, 경솔한
  pay for ~에 대한 대가를(비용을) 치르다　confirm 확인(확증)하다

2. 듣고 풀자

청취 지문은 절대로 커닝하지 말고 시험 보는 학생의 마음으로 진지하게 풀어보세요.

1) 여자의 제안에 대한 남자의 생각은?

a 시간 낭비다.
b 조금 과도하다.
c 매우 도움이 된다.
d 비용이 많이 든다.

2) What kind of problems are the speakers having?

a The man is not being professional at his work.
b They are having problems with a counselor.
c The woman is overreacting to domestic problems.
d They are having problems with one another.

have problems with ~(사람)에게 불만이 있다 counselor 상담사, 카운슬러
overreact 과잉 반응하다 domestic problem 가정불화

3) What will the speakers do next?

a They will see a marriage counselor.
b They will get a divorce.
c They will try to work out their problems themselves.
d They are going to live in separate houses.

work out (문제 등을) 해결하다, 풀다

2. 다시 듣고 해석해보자

지문을 눈으로 읽어 내려가며 다시 한 번 집중해서 들어보세요.

Sue　Bryan, I think we should see a marriage counselor.
Bryan　Why do you say that, Sue?
Sue　If we are going to make our marriage work, we need to do something about our situation.
Bryan　I agree that we are having problems but seeing a counselor seems a little drastic.
Sue　I'm not blowing this out of proportion. We need to see a professional.
Bryan　Alright. If you think this is a necessary step.

수　브라이언, 우리 결혼 상담사를 만나보는 게 좋을 거 같아.
브라이언　왜 그렇게 생각해, 수?
수　우리 결혼 생활이 원만히 돌아가게 하려면, 우리 상황에 대해 어떤 조치가 필요한 것 같아.
브라이언　우리에게 문제가 있다는 것은 인정하지만 상담사까지 보는 건 조금 과한 것 같아.
수　난 지금 이 문제를 필요 이상으로 부풀리는 게 아냐. 우린 전문가를 만나봐야 해.
브라이언　알았어. 당신이 정말 필요한 과정이라고 생각한다면.

정답 1b2d3a

- work 움직이게(작동하게) 하다　drastic 격렬한, 과감한, 과한
  blow out of proportion 실제보다 과장하다(부풀리다)

3. 듣고 풀자

청취 지문은 절대로 커닝하지 말고 시험 보는 학생의 마음으로 진지하게 풀어보세요.

1) 두 사람의 대화 주제는?

a 데이비드의 방학
b 데이비드의 성적표
c 데이비드의 선생님
d 데이비드의 거짓말

2) What does the mother suspect?

a She suspects that David is not showing her his report card.
b She suspects the teacher is going to deliver the report card herself.
c She suspects tomorrow is the last day of school.
d She suspects the teacher is going to be very busy for a while.

suspect ~가 범인일 거라고 생각하다, 의심하다 report card 성적표
deliver 전달하다, 배달하다

3) What can you infer from the conversation?

a David's mother is naturally a suspicious person.
b David is a good student at school.
c The school vacation is going to start soon.
d David's mother is a busy housewife.

suspicious (사람이) 의심 많은, 수상쩍은, 의심스러운 housewife 주부

3. 다시 듣고 해석해보자

지문을 눈으로 읽어 내려가며 다시 한 번 집중해서 들어보세요.

Mother	David, where is your report card?
David	Oh! The teacher hasn't given it back to us.
Mother	That's strange. Tomorrow is the last day of school, isn't it?
David	Yes. In fact, this time the school is going to mail the report card home.
Mother	Oh really? That is very interesting, David. When are they going to do that?
David	I think my teacher is going to be very busy for a while. So I'm really not quite sure when she is going to send the report card.
Mother	I hope you are not lying, son.

엄마	데이비드, 네 성적표 어디 있니?
데이비드	앗! 선생님께서 돌려주시지 않았어요.
엄마	이상하구나. 내일이 학교 가는 마지막 날 아닌가?
데이비드	네. 사실, 이번에는 학교에서 성적표를 우편으로 보낸대요.
엄마	아, 정말? 참 신기하구나, 데이비드. 언제쯤 그렇게 할 거라니?
데이비드	제 생각엔 선생님께서 한동안 아주 바쁘실 거 같아요. 그래서 선생님께서 언제쯤 성적표를 보내실지는 잘 모르겠어요.
엄마	아들, 거짓말하는 게 아니었으면 좋겠구나.

정답 1b2a3c

- give ~ back ~을 돌려주다 lie 거짓말하다

듣고 받아써보자 DAY – 18

답안을 커닝하면 아무런 학습효과도 볼 수 없습니다. 답안을 가리고 받아쓰기에 임하세요.

1. ________, James.

2. If she is ________, I am going to ________ it.

3. Besides, it's ________.

4. I trust you so I need you to ________.

5. If we are going to ________, we need to do ________.

6. I agree that we are ________ but seeing a counselor ________.

7. I'm not ________.

8. If you think this is ________.

9. The teacher hasn't ________.

10. In fact, this time the school ________ the report card home.

11. I think my teacher is ________ for a while.

12. I hope ________, son.

정답 1 Don't be rash 2 having an affair, make her pay for 3 not even confirmed yet 4 help me solve this problem 5 make our marriage work, something about our situation 6 having problems, seems a little drastic 7 blowing this out of proportion 8 a necessary step 9 given it back to us 10 is going to mail 11 going to be very busy 12 you are not lying

바꿔 말해보자

DAY - 18

한글 문장들을 영어로 바꿔 말해보세요. 혹시 잘 모르겠어도 일단 용감하게 도전해보세요.

1. 난 지금 이 문제를 필요 이상으로 부풀리는 게 아냐.

2. 제 생각엔 선생님께서 한동안 아주 바쁘실 거 같아요.

3. 우리에게 문제가 있다는 것은 인정하지만 상담을 받는 건 조금 과한 것 같아.

4. 아들, 거짓말하는 게 아니었으면 좋겠구나.

5. 난 널 믿으니까 이 문제를 해결할 수 있도록 네가 도와줘.

6. 사실, 이번에는 학교에서 성적표를 우편으로 보낸대요.

7. 만약 그녀가 바람을 피우고 있는 거라면, 그 대가를 치르도록 해주겠어.

8. 너무 경솔해선 안 돼, 제임스.

9. 선생님께서 돌려주시지 않았어요.

10. 당신이 정말 필요한 과정이라 생각한다면.

11. 우리 결혼생활이 원만히 돌아가게 하려면, 우리 상황에 대해 어떤 조치가 필요한 것 같아.

12. 게다가, 아직 확인된 것도 아니잖아.

정답 1 I'm not blowing this out of proportion. 2 I think my teacher is going to be very busy for a while. 3 I agree that we are having problems but seeing a counselor seems a little drastic. 4 I hope you are not lying, son. 5 I trust you so I need you to help me solve this problem. 6 In fact, this time the school is going to mail the report card home.7 If she is having an affair, I am going to make her pay for it. 8 Don't be rash, James. 9 The teacher hasn't given it back to us. 10 If you think this is a necessary step. 11 If we are going to make our marriage work, we need to do something about our situation. 12 Besides, it's not even confirmed yet.

1. 듣고 풀자 DAY -19

청취 지문은 절대로 커닝하지 말고 시험 보는 학생의 마음으로 진지하게 풀어보세요.

1) 제니의 행동을 통해 예상되는 제니 아버지의 심정은?

a 불안하다.
b 서운하다.
c 자랑스럽다.
d 기쁘다.

2) Which of the following can be inferred from the conversation?

a Jenny's father never cooks at home.
b Jenny loves her father's cooking.
c Jenny wants her mother to cook dinner.
d Jenny's father is a chef by profession.

▲ chef 요리사 by profession 직업상으로

3) What is Jenny going to do if her mother doesn't come home?

a She will not eat dinner.
b She will eat what her father cooked for her.
c She will purchase something to eat.
d She will cook her own meal.

▲ purchase 구입하다 cook one's own meal 직접 해먹다

1. 다시 듣고 해석해보자

DAY – 19

지문을 눈으로 읽어 내려가며 다시 한 번 집중해서 들어보세요.

Father	Jenny, what would you like for dinner?
Jenny	I don't know, Dad. I'm not hungry.
Father	You know you have to eat something. Do you want me to cook something for you?
Jenny	No, thanks, Dad. I rather starve than try your cooking again.
Father	That's not fair. Your mom likes my cooking.
Jenny	Well, I hope she comes home quickly. Or else I'm going to eat take-out tonight.

아버지	제니, 저녁으로 뭐 먹고 싶니?
제니	아빠, 잘 모르겠어요. 배고프지 않아요.
아버지	뭐라도 먹어야 한다는 거 알잖니. 아빠가 뭐 만들어줄까?
제니	고맙지만 아니에요, 아빠. 아빠가 만든 걸 또 먹을 바에는 차라리 굶을래요.
아버지	그건 억울한데. 네 엄마는 아빠 요리를 좋아한다고.
제니	글쎄요, 엄마가 어서 집에 오시면 좋을 텐데. 아니면 전 오늘 저녁은 식당에서 사 온 음식이나 먹을래요.

정답 1b2c3c

- starve 굶다　　take-out 식당 등에서 집으로 사오는 음식

2. 듣고 풀자

청취 지문은 절대로 커닝하지 말고 시험 보는 학생의 마음으로 진지하게 풀어보세요.

1) 다음 중 사실인 것은?

a 수와 수의 아빠는 곧 저녁을 먹을 것이다.
b 수의 엄마는 수가 사탕 먹는 걸 좋아하지 않는다.
c 수의 엄마는 한 시간 후에 돌아올 것이다.
d 수의 아빠는 30분 후에 일하러 갈 것이다.

2) What does Sue want?

a She wants to see her mother.
b She wants her father to buy her a lollipop.
c She wants to have her lunch.
d She wants to know her father's secret.

lollipop 막대사탕

3) What will the father do next?

a He will buy Sue candy.
b He will ask his wife for permission.
c He will take Sue to lunch.
d He will be back in half an hour.

ask A for B A에게 B를 요청(부탁)하다 permission 허락, 허가
take A to B A를 B로 데리고 가다

2. 다시 듣고 해석해보자

DAY – 19

지문을 눈으로 읽어 내려가며 다시 한 번 집중해서 들어보세요.

Sue	Daddy, can you buy me a lollipop?
Father	Oh, I don't think so, Sue. We are going to have lunch soon so I don't want you to spoil your appetite.
Sue	Daddy, I promise to eat it after lunch.
Father	Your mother won't allow it.
Sue	But she is not here. She said she will back in half an hour.
Father	Well, alright, but this is going to be our little secret.

수	아빠, 막대사탕 사주세요.
아버지	안 돼, 수. 우린 곧 점심을 먹을 텐데, 네 입맛을 떨어뜨리면 안 돼.
수	아빠, 점심 먹고 난 후에 먹는다고 약속할게요.
아버지	엄마가 허락하지 않을 텐데.
수	하지만 엄마는 지금 없잖아요. 30분 후에 오신다고 하셨어요.
아버지	알았어. 그렇지만 이건 우리만 아는 작은 비밀로 하는 거야.

정답 1b2b3a

- spoil 망치다, 엉망진창으로 만들다, 응석을 받아주다　appetite 식욕, 입맛
allow 허락하다, 허용하다　secret 비밀, 비결

3. 듣고 풀자

청취 지문은 절대로 커닝하지 말고 시험 보는 학생의 마음으로 진지하게 풀어보세요.

1) 두 사람의 대화 주제는?

a 재닛의 친구

b 재닛의 성적표

c 재닛의 시험공부

d 재닛의 학교생활

2) Why does the father have doubts about allowing Janet to spend the night at her friend's house?

a He doesn't want Janet to share her notes with her friends.

b He feels that Janet would be in danger.

c He thinks Janet should be studying at home.

d He feels that Maggie is a bad influence.

share 공유하다, 함께 나누다 bad influence 악영향, 나쁜 영향
be in danger 위험에 처하다

3) What does Janet suggest to her father?

a Janet thinks her father should go with her.

b Janet suggests her father call and check on her.

c Janet thinks she needs a break from studying so hard.

d Janet suggests she is going to have fun at Maggie's house.

check on 확인하다 break 휴식

3. 다시 듣고 해석해보자

지문을 눈으로 읽어 내려가며 다시 한 번 집중해서 들어보세요.

Janet Dad, can I stay over at Maggie's house over the weekend?

Father I don't know, Janet. Your finals are coming up and I haven't seen you studying.

Janet Oh, don't worry, Dad. I've been keeping up with school work. Besides, I want to share some notes with Maggie.

Father Are you sure? What if you girls just spend the night talking and having fun?

Janet Please don't worry about it, Dad. You can always call and check on us.

재닛 아빠, 주말에 매기네 집에서 자고와도 돼요?

아빠 모르겠다, 재닛. 기말고사가 다가오는데 네가 공부하는 모습을 못 봤어.

재닛 아, 걱정 마세요, 아빠. 학교 공부는 뒤처지지 않고 잘하고 있어요. 게다가 매기와 노트 필기한 걸 같이 보려고요.

아빠 정말이니? 만약 너희가 그냥 수다나 떨고 놀면서 밤을 보낸다면 어떻게 하니?

재닛 제발 그런 걱정은 마세요, 아빠. 언제든 전화하셔서 확인해보셔도 돼요.

정답 1c2c3b

- stay over 밤을 보내다, 묵다 finals 기말 시험 come up 다가오다
  keep up with ~에 뒤처지지 않다, ~와 보조를 맞추다 check on 확인하다

듣고 받아써보자

DAY - 19

답안을 커닝하면 아무런 학습효과도 볼 수 없습니다. 답안을 가리고 받아쓰기에 임하세요.

1. Jenny, ______ dinner?

2. ______ something for you?

3. I ______ your cooking again.

4. Or else I'm ______ tonight.

5. We are ______ soon so I don't want you to ______.

6. Your mother ______.

7. She said she will back ______.

8. But this is going to be ______.

9. Dad, can I ______ Maggie's house ______?

10. Your finals are ______ and I ______ you studying.

11. I' ______ school work.

12. ______ you girls just spend the night ______?

정답 1 what would you like for 2 Do you want me to cook 3 rather starve than try 4 going to eat take-out 5 going to have lunch, spoil your appetite 6 won't allow it 7 in half an hour 8 our little secret 9 stay over at, over the weekend 10 coming up, haven't seen 11 ve been keeping up with 12 What if, talking and having fun

바꿔 말해보자

DAY – 19

한글 문장들을 영어로 바꿔 말해보세요. 혹시 잘 모르겠어도 일단 용감하게 도전해보세요.

1. 우린 곧 점심을 먹을 텐데, 네 입맛을 떨어뜨리면 안 돼.

2. 제니, 저녁으로 뭐 먹고 싶니?

3. 학교 공부는 뒤처지지 않고 잘하고 있어요.

4. 내가 뭐 좀 요리해줄까?

5. 기말고사가 다가오는데 네가 공부하는 모습을 못 봤어.

6. 그녀는 30분 후에 온다고 했어요.

7. 아빠가 만든 걸 또 먹을 바에는 차라리 굶을래요.

8. 만약 너희가 그냥 수다나 떨고 놀면서 밤을 보낸다면 어떻게 하니?

9. 아니면 전 오늘 저녁은 식당에서 사 온 음식이나 먹을래요.

10. 엄마가 허락하지 않으실 텐데.

11. 그렇지만 이건 우리만 아는 작은 비밀로 하는 거야.

12. 아빠, 주말에 매기네 집에서 자고 와도 돼요?

정답 1 We are going to have lunch soon so I don't want you to spoil your appetite. 2 Jenny, what would you like for dinner? 3 I've been keeping up with school work. 4 Do you want me to cook something for you? 5 Your finals are coming up and I haven't seen you studying. 6 She said she will back in half an hour. 7 I rather starve than try your cooking again. 8 What if you girls just spend the night talking and having fun? 9 Or else I'm going to eat take-out tonight. 10 Your mother won't allow it. 11 But this is going to be our little secret. 12 Dad, can I stay over at Maggie's house over the weekend?

1. 듣고 풀자

청취 지문은 절대로 커닝하지 말고 시험 보는 학생의 마음으로 진지하게 풀어보세요.

1) 현재 낸시가 보고 싶어 하는 것은?

a 야구 경기
b 음악 프로
c 만화 영화
d 코미디 영화

2) What does Nancy mean?

a She wants to grow taller.
b Adults get to do whatever they want.
c Children detest baseball.
d She wants her father to do whatever he wants.

adult 어른, 성인 detest 몹시 싫어하다

3) Where are the speakers probably at?

a They are at a baseball game.
b They are at a box office.
c They are at home.
d They are at a video rental store.

box office (극장) 매표소, 흥행 수입 rental store 대여점

1. 다시 듣고 해석해보자

DAY – 20

지문을 눈으로 읽어 내려가며 다시 한 번 집중해서 들어보세요.

Nancy	Daddy, could we watch something else, please?
Father	I'm sorry, Nancy. Was there something you wanted to watch?
Nancy	Actually there is a new cartoon series on the Cartoon network.
Father	I'm sorry but Daddy is watching something very important.
Nancy	Are you sure, Daddy? Isn't this just a baseball game?
Father	Nancy, this isn't just a baseball game. It's the World Series.
Nancy	Not fair. Grown-ups always get to do what they want.

낸시	아빠, 우리 다른 것 좀 보면 안 될까요, 제발?
아버지	미안하구나, 낸시. 네가 보고 싶었던 게 있니?
낸시	사실 만화 채널에서 새로운 만화 시리즈를 해요.
아버지	미안하지만 아빠는 지금 아주 중요한 걸 보고 있는 중이란다.
낸시	정말이에요, 아빠? 이거 그냥 야구 경기 아니에요?
아버지	낸시, 이건 그냥 야구 경기가 아냐. 이건 월드 시리즈야.
낸시	불공평해요. 어른들은 항상 자기들이 하고 싶은 대로 해요.

정답 1c2b3c

- network 방송 채널, 방송국 World Series 월드 시리즈(전미 프로야구 선수권 시합) grown-ups 어른(들)

2. 듣고 풀자

청취 지문은 절대로 커닝하지 말고 시험 보는 학생의 마음으로 진지하게 풀어보세요.

1) 아빠에 대한 지미의 생각은?

a 실망스럽다.
b 자랑스럽다.
c 무섭다.
d 재미있다.

2) What is the most possible relationship between the speakers?

a Husband and wife
b Counselor and patient
c Brother and sister
d Aunt and nephew

▲ relationship 관계 patient 환자

3) All of the following are true EXCEPT?

a Jane is defending her father's actions.
b The time now is 2:10.
c Their father had been late before.
d Jimmy is a winner.

▲ defend 변호하다, 옹호하다 winner 승자, 당첨자

2. 다시 듣고 해석해보자

지문을 눈으로 읽어 내려가며 다시 한 번 집중해서 들어보세요.

Jimmy	Have you got the time, Jane?
Jane	It's ten past two. Where's Dad?
Jimmy	He's late again, as usual. Why can't he keep his promises like normal fathers?
Jane	Don't say that. You know how busy he is.
Jimmy	Yes, he is busy with his new girlfriend but never with us.
Jane	Jimmy, don't be such a whiner!
Jimmy	Why are you always taking his side?
Jane	You know he is a nice person.

지미	지금 몇 시야, 제인?
제인	지금 2시 10분이야. 아빠는 어디 계셔?
지미	평소처럼 또 늦으셔. 아빠는 왜 다른 아빠들처럼 약속을 지키지 못하시는 걸까?
제인	그런 말 하지 마. 아빠가 얼마나 바쁜지 알잖아.
지미	그럼. 새 여자친구와 함께 있느라고 바쁘지, 우리랑 있느라고 바쁜 적은 없지.
제인	지미, 그렇게 징징대지 마!
지미	넌 왜 항상 아빠 편을 드는 거야?
제인	너도 아빠가 좋은 분이란 걸 알잖니.

정답 1a2c3d

- Have you got the time? (영국식 영어) 지금 몇 시죠?(What time is it?)
as usual 늘 그렇듯이, 평소대로 keep one's promises 자신의 약속을 지키다
whiner 징징대는 사람 take one's side ~의 편을 들다

3. 듣고 풀자

청취 지문은 절대로 커닝하지 말고 시험 보는 학생의 마음으로 진지하게 풀어보세요.

1) 두 사람의 대화 주제는?

a 교우 관계
b 부모님의 직업
c 선생님의 가족
d 라이언의 가족

2) What is Ryan's mother's job?

a Seamstress
b Sailor
c Salesperson
d Stewardess

seamstress 재봉사 salesperson 영업사원 sailor 선원

3) Which of the following can be inferred from the conversation?

a Ryan's father does not live with him.
b Ryan's mother works at home.
c Ryan's brother is older than Ryan.
d Ryan detests his brother.

detest 매우 싫어하다, 질색하다

3. 다시 듣고 해석해보자

지문을 눈으로 읽어 내려가며 다시 한 번 집중해서 들어보세요.

Teacher	Ryan, tell me about your family.
Ryan	My mother is a single parent. And she is a seamstress.
Teacher	Okay. Do you have any siblings?
Ryan	Yes, I do. I have a brother who is two years younger than me.
Teacher	How do you get along with your brother?
Ryan	We are like best friends. I love my brother.
Teacher	And your mother?
Ryan	I love her too, but she is rarely at home. She is always busy working to support us.

선생님	라이언, 너의 가족에 대해서 말해보렴.
라이언	엄마는 혼자서 절 키우세요. 그리고 재봉 일을 하시고요.
선생님	그래. 다른 형제는 있니?
라이언	네, 남동생이 하나 있는데 저보다 두 살 어려요.
선생님	동생과는 어떻게 지내니?
라이언	우린 제일 친한 친구 같아요. 전 동생을 사랑해요.
선생님	어머니는?
라이언	어머니도 사랑해요, 하지만 거의 집에 안 계시죠. 저희 뒷바라지를 위해 일하시느라 항상 바쁘세요.

정답 1d2a3a

- single parent 편부, 편모 sibling 형제 자매 support 부양하다, 지지하다

듣고 받아써보자

답안을 커닝하면 아무런 학습효과도 볼 수 없습니다. 답안을 가리고 받아쓰기에 임하세요.

1. Daddy, could we ______________, please?

2. Actually there is ______________ on the Cartoon network.

3. I'm sorry but Daddy ______________.

4. Grown-ups always ______________ what they want.

5. ______________, Jane?

6. Why ______________ like normal fathers?

7. Jimmy, ______________!

8. Why are you always ______________?

9. Do you ______________?

10. I have a brother who is ______________ me.

11. How do you ______________ your brother?

12. She is always ______________ us.

정답 1 watch something else 2 a new cartoon series 3 is watching something very important 4 get to do 5 Have you got the time 6 can't he keep his promises 7 don't be such a whiner 8 taking his side 9 have any siblings 10 two years younger than 11 get along with 12 busy working to support

바꿔 말해보자

DAY - 20

한글 문장들을 영어로 바꿔 말해보세요. 혹시 잘 모르겠어도 일단 용감하게 도전해보세요.

1. 그녀는 저희 뒷바라지를 위해 일하시느라 항상 바쁘세요.

2. 지미, 그렇게 징징대지 마!

3. 미안하지만 아빠는 지금 아주 중요한 걸 보고 있는 중이란다.

4. 너 다른 형제는 있니?

5. 넌 왜 항상 아빠 편을 드는 거야?

6. 지금 몇 시야, 제인?

7. 아빠, 우리 다른 것 좀 보면 안 될까요, 제발?

8. 남동생이 하나 있는데 저보다 두 살 어려요.

9. 사실 만화 채널에서 새로운 만화 시리즈를 해요.

10. 그는 왜 다른 아빠들처럼 약속을 지키지 못하시는 걸까?

11. 어른들은 항상 자기들이 하고 싶은 대로 해요.

12. 너는 네 동생과는 어떻게 지내니?

정답 1 She is always busy working to support us. 2 Jimmy, don't be such a whiner! 3 I'm sorry but Daddy is watching something very important. 4 Do you have any siblings? 5 Why are you always taking his side? 6 Have you got the time, Jane? 7 Daddy, could we watch something else, please? 8 I have a brother who is two years younger than me. 9 Actually there is a new cartoon series on the Cartoon network. 10 Why can't he keep his promises like normal fathers? 11 Grown-ups always get to do what they want. 12 How do you get along with your brother?

Genre 4
Comedy

재치있고 유머 넘치는 영어 한마디를 익혀보세요.
삶이 무겁고 지루할 때,
맘껏 웃고 싶을 때 보는 코미디 영화들은
삶의 활력소가 됩니다.

오해 셋, 리스닝 공부는 조용한 곳에서 해야 한다?

실제로 영어를 듣게 되는 상황에선 크든 작든 늘 주변에 소음이 있게 마련이다. 텔레비전으로 영어 방송을 본다고 가정해보자. 아무리 조용한 동네라고 해도, 귀에 이어폰을 끼고 듣는 것과 달리 말소리가 또렷하게 들리지 않는다.

외국인과 길거리에서 만나 대화하는데, 갑자기 주변이 쥐 죽은 듯 조용해질 리도 없다. 해외여행을 가서 음식을 먹고 계산하려는데, 시끄럽게 떠들던 손님들이 우리의 대화를 위해 잠깐 얘기를 멈춘다거나, 식당에서 음악 소리를 낮춰주진 않는다. 또 영어로 이루어지는 강의나 컨퍼런스, 공연장 등 당연히 정숙해야 할 장소에서도 낮지만 다양한 종류의 소음이 끊임없이 들려온다.

토익 시험장에서 일어나는 해프닝의 대부분도 역시 리스닝을 방해하는 온갖 소음과 관련된 것들이다. 이때만큼은 극도로 민감해져서 볼펜 떨어지는 소리조차 신경에 거슬린다.

상황이 이러한데도 계속 조용한 공간에서만 리스닝 연습을 하는 것은 여러모로 손해이다. 그만큼 공부할 장소에 제약을 받으니 자주 못 하게 되고, 무엇보다 현실에서는 여러 잡음과 섞여 들리기 마련인 그야말로 살아 있는 현장 영어에 익숙해지기가 어려워진다.

장소 따지지 말고 리스닝 공부를 하자. 특히 지하철은 강력 추천 장소이다.

1. 듣고 풀자

청취 지문은 절대로 커닝하지 말고 시험 보는 학생의 마음으로 진지하게 풀어보세요.

1) 경찰이 여자에게 요구한 것은?

a 트렁크를 열어라.
b 운전면허증과 등록증을 보여달라.
c 차에서 내려라.
d 선글라스를 벗어라.

2) Why did the policeman stop the woman?

a He wanted to give her directions.
b She was running away from him.
c He thought she was a highway man.
d She was going over the speed limit.

give ~ directions ~에게 길을 가르쳐주다 run away from ~로부터 도망치다
highway man 노상강도 speed limit 제한속도

3) What did the woman misunderstand?

a She thought the number was for the speed limit.
b She thought she was being chased by robbers.
c She thought the policeman was a fake.
d She thought the highway number was strange.

robber 강도

1. 다시 듣고 해석해보자

지문을 눈으로 읽어 내려가며 다시 한 번 집중해서 들어보세요.

Policeman	Madam, let me see your driver's license and registration.
Woman	Here you go, officer. Did I do something wrong?
Policeman	Do you realize you were going over the speed limit?
Woman	No, officer. I was going within the limit, according to the sign.
Policeman	What did the sign say?
Woman	80miles per hour.
Policeman	That's not the speed limit. That's the highway number.

경찰관	부인, 운전면허증과 등록증을 보여주세요.
여자	여기 있어요. 제가 뭐 잘못했나요?
경찰관	제한속도를 초과하신 것 알고 계십니까?
여자	아뇨, 경찰관님. 저는 규정속도대로 가고 있었어요, 표지판에 나오는 대로요.
경찰관	표지판에 뭐라고 적혀 있었죠?
여자	시속 80마일이라고요.
경찰관	그건 제한속도가 아니에요. 고속도로 번호라고요.

정답 1b2d3a

- registration (자동차) 등록증

2. 듣고 풀자

청취 지문은 절대로 커닝하지 말고 시험 보는 학생의 마음으로 진지하게 풀어보세요.

1) 남자를 만나기 전 여자의 문제는?

a 길을 잃었다.
b 강도를 만났다.
c 차의 기름이 떨어졌다.
d 타이어에 구멍이 났다.

2) What does the woman want from the man?

a She wants him to buy some gas for her.
b She wants him to lift her up.
c She wants him to give her a ride.
d She wants him to head for Los Angeles.

lift ~ up ~을 높이 올리다　head for ~로 향하다
give ~ a ride ~를 차에 태워주다

3) What can you infer from the conversation?

a The woman is interested in the man.
b The speakers are in Las Vegas.
c The man was lost until he met the woman.
d The woman is hitchhiking.

lost 길 잃은　hitchhike 지나가는 차를 얻어 타다(thumb a ride)

2. 다시 듣고 해석해보자

지문을 눈으로 읽어 내려가며 다시 한 번 집중해서 들어보세요.

Woman	Excuse me, sir. My car's out of gas and I was wondering if you could give me a lift.
Man	Sure thing. Where are you headed?
Woman	I'm going to Las Vegas. Are you heading in that direction?
Man	Of course. After I've met you, why wouldn't I be?
Woman	What?
Man	I mean I was heading in that direction anyway.

여자	실례합니다만, 제 차가 기름이 떨어져서요. 저를 좀 태워주실 수 있으세요?
남자	물론이죠. 어디로 가시죠?
여자	저는 라스베이거스로 갑니다. 그쪽 방향으로 가는 길이세요?
남자	물론이죠. 당신을 만난 마당에, 제가 왜 가지 않겠어요?
여자	뭐라고요?
남자	제 말은, 어차피 저도 그 방향으로 가고 있었단 뜻입니다.

정답 1c2c3d

- out of gas 기름이 떨어진 give ~ a lift(ride) ~를 차에 태워주다
  be headed, head, head for ~로 향해 가다

3. 듣고 풀자

청취 지문은 절대로 커닝하지 말고 시험 보는 학생의 마음으로 진지하게 풀어보세요.

1) 다음 중 사실인 것은?

a 톰은 마감일이 언제인지 모르고 있다.
b 톰은 사이먼에게 농담을 했다.
c 사이먼의 프로젝트는 현재 진행 중이다.
d 사이먼은 자신이 운이 좋다고 생각한다.

2) What did Tom tell Simon?

a He told Simon that he had too many faults in his project.
b He thought Simon was unlucky.
c He told Simon that the project was to be completed by Monday.
d He thought Simon was not serious enough in his work.

fault 실수, 과실　　complete 마치다, 완료하다

3) Which of the following words best describes how Simon feels?

a Devastated
b Solemn
c Bright
d Revengeful

devastated 망연자실한, 청천벽력을 맞은 듯한　　solemn 엄숙한, 진지한
revengeful 복수심에 불타는

3. 다시 듣고 해석해보자

지문을 눈으로 읽어 내려가며 다시 한 번 집중해서 들어보세요.

Simon	Let's call it a day, Tom.
Tom	We can't. We have a deadline to meet.
Simon	I thought this project wasn't due until next month.
Tom	No, Simon. You are badly mistaken. It is due next Monday.
Simon	You must be joking! You have to be joking!
Tom	I'm sorry, Simon. I'm being serious.
Simon	Oh, I really screwed up this time. I'm not ready at all.
Tom	Better luck next time!

사이먼	오늘은 이만 끝내자, 톰.
톰	그럴 수 없어. 마감일을 맞춰야 돼.
사이먼	이번 프로젝트 다음 달까지인 줄 알았는데.
톰	아냐, 사이먼. 네가 단단히 착각하고 있는 거야. 다음 주 월요일이야.
사이먼	농담이겠지! 농담이어야만 해!
톰	미안하지만, 사이먼, 진담이야.
사이먼	아, 나 이번에 완전히 끝장이야. 하나도 준비가 안 돼 있단 말이야.
톰	다음번을 기대해봐!

정답 1c2c3a

- call it a day 이것으로 하루를 마치다, 오늘은 여기까지 하다
  deadline 마감시한('시한을 맞추다'라고 할 때 동사는 meet를 사용한다)
  due ~할 예정인, ~하기로 된　　mistaken 착각(오해)하고 있는
  screw up 망치다

듣고 받아써보자

DAY – 21

답안을 커닝하면 아무런 학습효과도 볼 수 없습니다. 답안을 가리고 받아쓰기에 임하세요.

1. Madam, ______ and registration.

2. Did I ______?

3. Do you realize you were ______?

4. I was going within the limit, ______.

5. My car's ______ and I was wondering if you could ______.

6. ______ you ______?

7. After I've met you, ______?

8. I mean I was ______ anyway.

9. Let's ______, Tom.

10. We have ______.

11. You ______.

12. ______ next time!

정답 1 let me see your driver's license 2 do something wrong 3 going over the speed limit 4 according to the sign 5 out of gas, give me a lift 6 Where are, headed 7 why wouldn't I be 8 heading in that direction 9 call it a day 10 a deadline to meet 11 are badly mistaken 12 Better luck

바꿔 말해보자

DAY - 21

한글 문장들을 영어로 바꿔 말해보세요. 혹시 잘 모르겠어도 일단 용감하게 도전해보세요.

1. 다음번을 기대해봐!

2. 어디로 가시죠?

3. 우린 마감일을 맞춰야 돼.

4. 제 말은, 어차피 저도 그 방향으로 가고 있었단 뜻입니다.

5. 부인, 운전면허증과 등록증을 보여주세요.

6. 당신을 만난 마당에, 제가 왜 가지 않겠어요?

7. 제 차에 기름이 떨어져서요, 저를 좀 태워주실 수 있으세요?

8. 오늘은 이만 끝내자, 톰.

9. 제가 뭐 잘못했나요?

10. 제한속도를 초과하신 것 알고 계십니까?

11. 네가 단단히 착각하고 있는 거야.

12. 저는 규정속도대로 가고 있었어요, 표지판에 나온 대로요.

정답 1 Better luck next time! 2 Where are you headed? 3 We have a deadline to meet. 4 I mean I was heading in that direction anyway. 5 Madam, let me see your driver's license and registration. 6 After I've met you, why wouldn't I be? 7 My car's out of gas and I was wondering if you could give me a lift. 8 Let's call it a day, Tom. 9 Did I do something wrong? 10 Do you realize you were going over the speed limit? 11 You are badly mistaken. 12 I was going within the limit, according to the sign.

1. 듣고 풀자

청취 지문은 절대로 커닝하지 말고 시험 보는 학생의 마음으로 진지하게 풀어보세요.

1) 두 사람의 대화 주제는?

a 쿠키 만들기
b 제과 전문가
c 첩보 영화
d 비밀장비

2) What does Jeff want?

a Jeff wants to eat Jim's cookie.
b Jeff wants to become a secret agent.
c Jeff wants to bluff Jim.
d Jeff wants to listen to Jim's secret.

secret agent 비밀수사요원, 첩보원
bluff 허세를 부리다, ~에게 뻥을 치다, ~를 속이다

3) What can you infer from this conversation?

a Jeff and Jim are brothers.
b Jim does not want to give Jeff his cookie.
c Jim is a professional secret agent.
d Jeff is poor at communicating with others.

be poor at ~를 못하다

1. 다시 듣고 해석해보자

지문을 눈으로 읽어 내려가며 다시 한 번 집중해서 들어보세요.

Jeff	Jim, are you going to have that cookie?
Jim	No. But you can't have it.
Jeff	Why not? Don't let it go to waste. I love cookies.
Jim	Don't be greedy, Jeff. Besides, this is not a normal cookie.
Jeff	What do you mean? It sure looks like a normal cookie to me.
Jim	Well, let me tell you a secret. It's actually a communication device.
Jeff	Are you serious? Is it one of those James Bond weapons?
Jim	Yup. That's why only a mature professional like me can handle it.

제프	짐, 너 그 쿠키 먹을 거야?
짐	아니. 하지만 너도 먹으면 안 돼.
제프	왜 안 돼? 그냥 버리면 안 되지. 내가 쿠키를 얼마나 좋아하는데.
짐	욕심내지 마, 제프. 게다가, 이건 보통 쿠키가 아니라고.
제프	그게 무슨 말이야? 내가 보기엔 보통 쿠키 같은데.
짐	글쎄, 내가 비밀 하나를 말해주지. 이게 사실은 통신장비야.
제프	진짜야? 이게 제임스 본드 영화에 나오는 무기 같은 거야?
짐	그렇지. 그래서 나같이 노련한 전문가만이 이걸 다룰 수 있는 거야.

정답 1d2a3b

- go to waste 쓰레기로 버려지다　greedy 욕심 많은　normal 보통의, 평범한　secret 비밀, 비결　device 장비, 기계　mature 원숙한, 노련한, 성숙한

2. 듣고 풀자

청취 지문은 절대로 커닝하지 말고 시험 보는 학생의 마음으로 진지하게 풀어보세요.

1) 두 사람의 대화 주제는?

a 〈뉴욕타임스〉에 오른 베스트셀러에 대해 얘기하고 있다.
b 신변에 관한 소식을 나누고 있다.
c 정세에 관해 대화하고 있다.
d 새로 뽑을 직원에 대해 얘기하고 있다.

2) All of the following were mentioned about Danny EXCEPT?

a He is a part-time writer.
b He takes memos for a living.
c He makes weapons for the government.
d He is a stockholder of several companies.

take memo 메모하다, 받아 적다 stockholder 주식 보유자, 주주

3) What is Ben's job?

a He works in a coffee shop.
b Secretary of State
c Yoga Instructor
d Secretary

instructor 교사, 강사

2. 다시 듣고 해석해보자

지문을 눈으로 읽어 내려가며 다시 한 번 집중해서 들어보세요.

Danny Hi, Ben. It's nice to meet you.

Ben Hi, Danny. It's nice to meet you, too. What line of work are you in?

Danny Oh, nothing special. I'm just a major shareholder of three multinational corporations. I also enjoy inventing state-of-the-art weapons for the United States Air Force. And during my free time, I have written about a dozen *New York Times* Bestseller novels. What about you?

Ben Oh. I see. I'm just a secretary.

Danny You mean, like a secretary of state?

Ben No, I mean like a secretary who takes memos and makes coffee.

대니 안녕, 벤. 만나서 반가워.

벤 안녕, 대니. 나도 만나서 반가워. 어떤 업종에서 일하고 있니?

대니 아, 별거 아냐. 그냥 다국적 기업 세 곳의 대주주야. 또 미국 공군을 위해 최첨단 무기를 발명하는 일도 즐겁게 하고 있지. 여가 시간을 이용해서 〈뉴욕타임스〉 베스트셀러에 오른 책들을 10여 권 쓰기도 했고. 넌?

벤 아, 그렇구나. 난 그냥 비서야.

대니 국무부 장관 같은 거?

벤 아니. 메모를 받아 적고 커피 심부름하는 그런 비서 말이야.

정답 1b2b3d

- line of work 업종, 계통 shareholder 주주(stockholder)
multinational corporation 다국적 기업 state-of-the-art 최첨단의
secretary of state (미) 국무부 장관

3. 듣고 풀자

청취 지문은 절대로 커닝하지 말고 시험 보는 학생의 마음으로 진지하게 풀어보세요.

1) 댄에 관해 사실이 아닌 것은?

a 금요일에 파티를 열 것이다.
b 앤디를 어수룩하다고 생각한다.
c 학교 응원단이다.
d 재닛과 앤디가 남매임을 알고 있다.

2) Why did Dan invite Andy to his party?

a He wants to see Andy's pet dog.
b He wants to befriend Andy.
c He wants to get to know Andy's sister.
d He wants to give Andy a chance.

befriend 친구가 되다

3) What can you infer about Andy?

a He has a pretty sister.
b He is in the cheerleader squad.
c He is not very smart.
d He thinks Dan's party will be a bore.

cheerleader squad 응원단 bore 따분한 일, 재미없는 것

3. 다시 듣고 해석해보자

지문을 눈으로 읽어 내려가며 다시 한 번 집중해서 들어보세요.

Dan	Andy, wait! Andy, I would like to invite you to my party on Friday.
Andy	Really? Thank you so much, Dan. I'm so excited.
Dan	I think you are a nerd but every dog has his day.
Andy	Is there anything I can do for you, Dan?
Dan	You know Janet, the hot girl in our school's cheerleader squad?
Andy	Yes. I know her very well.
Dan	Of course. She's your sister, idiot! Bring her along with you to the party!

댄	앤디, 기다려! 앤디, 금요일에 있을 내 파티에 널 초대하고 싶어.
앤디	정말? 너무 고마워, 댄. 무지 기대돼.
댄	널 공부만 아는 범생이로 생각하지만 뭐, 쥐구멍에도 볕 들 날이 있으니까.
앤디	뭐 내가 도와줄 일이라도 있을까, 댄?
댄	너 재닛이라고, 우리 학교 응원단의 섹시한 여자애 알지?
앤디	응. 아주 잘 알지.
댄	그렇겠지. 네 여동생이잖아, 이 바보야! 그 아이를 파티에 데리고 와!

정답 1c2c3a

- nerd 범생이(공부 외의 것에는 어수룩한 모범생을 가리키는 속어)
  Every dog has its day 쥐구멍에도 볕 들 날이 있다
  bring ~ along with ~를 데려오다

듣고 받아써보자

DAY – 22

답안을 커닝하면 아무런 학습효과도 볼 수 없습니다. 답안을 가리고 받아쓰기에 임하세요.

1. Don't ________.

2. ________, Jeff.

3. It ________ a normal cookie to me.

4. ________ only a mature professional like me ________ it.

5. ________ are you in?

6. I'm just ________ of three multinational corporations.

7. I also ________ for the United States Air Force.

8. And during my free time, I ________ *New York Times* Bestseller novels.

9. Andy, I ________ you to my party on Friday.

10. I think you are a nerd but ________.

11. Is there ________ for you, Dan?

12. Bring her ________ to the party!

정답 1 let it go to waste 2 Don't be greedy 3 sure looks like 4 That's why, can handle 5 What line of work 6 a major shareholder 7 enjoy inventing state-of-the-art weapons 8 have written about a dozen 9 would like to invite 10 every dog has his day 11 anything I can do 12 along with you

바꿔 말해보자

DAY – 22

한글 문장들을 영어로 바꿔 말해보세요. 혹시 잘 모르겠어도 일단 용감하게 도전해보세요.

1. 그래서 나같이 노련한 전문가만이 이걸 다룰 수 있는 거야.

2. 내가 보기엔 보통 쿠키 같은데.

3. 욕심내지 마, 제프.

4. 널 공부만 아는 범생이로 생각하지만 뭐, 쥐구멍에도 볕 들 날이 있으니까.

5. 난 그냥 다국적 기업 세 곳의 대주주야.

6. 너는 어떤 업종에서 일하고 있니?

7. 뭐 내가 도와줄 일이라도 있을까, 댄?

8. 난 또 미국 공군을 위해 최첨단 무기를 발명하는 일도 즐겁게 하고 있지.

9. 그녀를 파티에 데리고 와!

10. 그리고 여가시간을 이용해서, 〈뉴욕타임스〉 베스트셀러에 오른 책들을 10여 권 쓰기도 했고.

11. 앤디, 금요일에 있을 내 파티에 널 초대하고 싶어.

12. 그냥 버리면 안 되지.

정답 1 That's why only a mature professional like me can handle it. 2 It sure looks like a normal cookie to me. 3 Don't be greedy, Jeff. 4 I think you are a nerd but every dog has his day. 5 I'm just a major shareholder of three multinational corporations. 6 What line of work are you in? 7 Is there anything I can do for you, Dan? 8 I also enjoy inventing state-of-the-art weapons for the United States Air Force. 9 Bring her along with you to the party! 10 And during my free time, I have written about a dozen New York Times Bestseller novels. 11 Andy, I would like to invite you to my party on Friday. 12 Don't let it go to waste.

1. 듣고 풀자

청취 지문은 절대로 커닝하지 말고 시험 보는 학생의 마음으로 진지하게 풀어보세요.

1) 교수의 마지막 말을 들은 학생의 예상되는 반응은?

a 기뻐한다.
b 우울해한다.
c 두려워한다.
d 황당해한다.

2) What can you infer from the conversation?

a The professor had been working on his project for a long time.
b The professor is hoping to make lots of money from his invention.
c The professor is a very successful scientist.
d The professor invented the brick wall.

▲ work on ~을 위해 일하다, ~에 전념하다

3) What did the professor invent?

a Religion
b Public restroom
c Window
d Widow

▲ public restroom 공중 화장실 widow 과부, 미망인

1. 다시 듣고 해석해보자

지문을 눈으로 읽어 내려가며 다시 한 번 집중해서 들어보세요.

Professor	I have made a great new invention!
Student	Congratulations, Professor! You finally did it.
Professor	After years of experiments and research I am now ready to go public with my invention.
Student	What does it do?
Professor	It allows people to look through brick walls.
Student	Oh my god! What is it called?
Professor	It's called a window!

교수	내가 위대한 발명을 했어!
학생	축하드려요, 교수님! 마침내 해내셨군요!
교수	수년간의 실험과 조사 끝에 이제 내 발명을 세상에 알릴 준비가 된 거야.
학생	그 발명품으로 뭘 할 수 있죠?
교수	이것으로 사람들은 벽돌 벽을 꿰뚫어볼 수 있어!
학생	세상에! 그걸 뭐라고 부르죠?
교수	창문이라는 거야!

정답 1d2a3c

- invention 발명품, 발명　go public 대중에게(세상에) 알리다
  look through ~를 꿰뚫어보다

2. 듣고 풀자

청취 지문은 절대로 커닝하지 말고 시험 보는 학생의 마음으로 진지하게 풀어보세요.

1) 남자에 대해 사실인 것은?

a 오늘 저녁 특별한 약속이 있다.
b 텔레비전 보는 것을 좋아한다.
c 트로피컬 바에 가는 것을 좋아한다.
d 술집 조에서 비디오를 볼 수 있다는 것을 알고 있다.

2) Why did the woman suggest staying at home?

a It was because she was feeling tired.
b She didn't want to watch TV.
c It was because they didn't have enough cash.
d She was feeling downcast.

downcast 풀이 죽은, 우울한

3) What did the speakers decide to do?

a To stay at home.
b To go to the Tropical bar.
c To rent a video.
d To go to Joe's pub.

pub 술집, 선술집

2. 다시 듣고 해석해보자

DAY – 23

지문을 눈으로 읽어 내려가며 다시 한 번 집중해서 들어보세요.

Paul	So, what shall we do this evening?
Susan	Well, we haven't got much money. How about staying in and watching TV?
Paul	Oh, no! I'm fed up with watching TV.
Susan	Why don't we go to the Tropical bar? We can afford one drink each.
Paul	Yes, but the drinks there are really expensive.
Susan	Well, we could go to Joe's pub.
Paul	Great! They have good videos there.
Susan	I thought you said you were sick of watching TV!

폴	우리 오늘 저녁에 뭘 할까?
수전	글쎄, 우리 돈이 별로 없잖아. 그냥 집에서 텔레비전이나 보는 게 어떨까?
폴	아, 싫어! 난 텔레비전 보는 거 질렸어!
수전	그럼 우리 트로피컬 바에 가는 거 어때? 각자 한 잔씩 마실 여유는 되잖아.
폴	그래, 하지만 거기 음료들 너무 비싸더라.
수전	그럼, 우리 술집 조에 가면 되지.
폴	좋았어! 거긴 좋은 비디오도 틀어줘.
수전	텔레비전 보는 것에 질렸다고 말한 것 같은데!

정답 1d2c3d

- stay in (안 나가고) 집에 머무르다 be fed up with, be sick of ~에 진력이 나다, ~에 싫증나다 can afford ~할 만한 여유가 있다

3. 듣고 풀자

청취 지문은 절대로 커닝하지 말고 시험 보는 학생의 마음으로 진지하게 풀어보세요.

1) 남자는 자신에 대해 어떻게 생각하는가?

a 너그러운 사람이다.
b 예민한 사람이다.
c 관찰력이 뛰어난 사람이다.
d 암기력이 뛰어난 사람이다.

2) The speakers' relationship is probably?

a Pilot and passenger
b Telephone operator and caller
c Taxi driver and customer
d Shop assistant and customer

pilot 비행기 조종사　shop assistant 가게 점원　passenger 여객, 승객

3) Which word best describes how the woman feels about the man?

a Impressed
b Shy
c Irritated
d Cheerful

impressed 감동받은　shy 수줍은, 부끄럼 타는

3. 다시 듣고 해석해보자

DAY – 23

지문을 눈으로 읽어 내려가며 다시 한 번 집중해서 들어보세요.

Taxi Driver	Where to, ma'am?
Woman	The airport and please step on it.
Taxi Driver	Sure thing. Flying somewhere?
Woman	How did you guess?
Taxi Driver	I'm a very observant person. I noticed your luggage, the passport and the airplane ticket.
Woman	You must be a genius.
Taxi Driver	That's what people say all the time. But I'm trying to be modest about it.
Woman	Look, driver. I was being sarcastic.

택시 운전사	어디로 가십니까, 손님?
여자	공항이요. 그리고 속도 좀 내주세요.
택시 운전사	그러죠. 비행기 타고 어디 가시나 봐요?
여자	어떻게 아셨어요?
택시 운전사	저는 아주 관찰력이 뛰어난 사람이죠. 손님의 짐가방과 여권, 비행기표를 보았어요.
여자	천재이신가 봐요.
택시 운전사	사람들이 다들 그렇다고 해요. 그렇지만 항상 겸손하려고 노력하죠.
여자	이봐요, 기사님. 저는 지금 비꼬는 중이라고요.

정답 1c2c3c

- step on 속도를 내다 observant 관찰력이 뛰어난 genius 천재 modest 겸손한 sarcastic 빈정대는, 조롱하는

듣고 받아써보자

DAY - 23

답안을 커닝하면 아무런 학습효과도 볼 수 없습니다. 답안을 가리고 받아쓰기에 임하세요.

1. I have made ____________ !

2. ____________ experiments and research
I am now ____________ my invention.

3. It ____________ brick walls.

4. ____________ it ____________ ?

5. ____________ and watching TV?

6. I' ____________ watching TV.

7. We ____________ one drink each.

8. I thought you said you ____________ !

9. The airport and ____________ .

10. I'm ____________ .

11. You ____________ .

12. But I' ____________ modest about it.

정답 1 a great new invention 2 After years of, ready to go public with 3 allows people to look through 4 What is, called 5 How about staying in 6 m fed up with 7 can afford 8 were sick of watching TV 9 please step on it 10 a very observant person 11 must be a genius 12 m trying to be

바꿔 말해보자

DAY – 23

한글 문장들을 영어로 바꿔 말해보세요. 혹시 잘 모르겠어도 일단 용감하게 도전해보세요.

1. 공항이요. 그리고 속도 좀 내주세요.

2. 그냥 집에서 텔레비전이나 보는 게 어떨까?

3. 내가 위대한 발명을 했어!

4. 각자 한 잔씩 마실 여유는 되잖아.

5. 그렇지만 항상 겸손하려고 노력하죠.

6. 난 텔레비전 보는 거 질렸어!

7. 이것으로 사람들은 벽돌 벽을 꿰뚫어볼 수 있어!

8. 당신은 천재이신가 봐요.

9. 수년간의 실험과 조사 끝에 이제 내 발명을 세상에 알릴 준비가 된 거야.

10. 네가 텔레비전 보는 것에 질렸다고 말한 것 같은데!

11. 그걸 뭐라고 부르죠?

12. 저는 아주 관찰력이 뛰어난 사람이죠.

정답 1 The airport and please step on it. 2 How about staying in and watching TV? 3 I have made a great new invention! 4 We can afford one drink each. 5 But I'm trying to be modest about it. 6 I'm fed up with watching TV! 7 It allows people to look through brick walls! 8 You must be a genius. 9 After years of experiments and research I am now ready to go public with my invention. 10 I thought you said you were sick of watching TV! 11 What is it called? 12 I'm a very observant person.

1. 듣고 풀자

청취 지문은 절대로 커닝하지 말고 시험 보는 학생의 마음으로 진지하게 풀어보세요.

1) 남자가 여자에게 빌리고자 하는 것은?

a 책 값
b 커피 값
c 물리학 책
d 물리학 노트

2) What will the man probably do next?

a Stop by the student bookstore.
b Get another cup of coffee.
c Attend physics class.
d Visit the doctor.

▲ stop by 들르다

3) What can you infer from this conversation?

a The man is a busybody.
b The woman has very good physics notes.
c The man is genuinely concerned for the woman.
d The woman is a drug addict.

▲ busybody 참견 잘하는 사람 genuinely 진심으로, 마음에서 우러나서
drug addict 마약 중독자

1. 다시 듣고 해석해보자

DAY – 24

지문을 눈으로 읽어 내려가며 다시 한 번 집중해서 들어보세요.

David Have you finished eating? Let's go. I have to visit the student bookstore before Physics class.

Janet I think I'll stay here and have another cup of coffee.

David If you want to, that's fine. But I think you should really cut down on coffee.

Janet Why? You know I'm addicted to it.

David Exactly. Coffee isn't a very healthy drink, you know.

Janet Since when were you so concerned about my health?

David Ever since I saw your Physics notes. Can I borrow them?

데이비드 다 먹었니? 가자. 물리학 수업 전에 학생 서점에 들러야 돼.

재닛 난 그냥 여기서 커피 한 잔 더 할래.

데이비드 그렇게 하고 싶으면 그렇게 해. 근데 너 커피 좀 줄여야 할 것 같아.

재닛 왜? 나 커피 중독인 거 너도 알잖아.

데이비드 그러니깐. 너도 알다시피, 커피가 그다지 건강에 좋은 음료가 아니잖아.

재닛 네가 언제부터 내 건강을 그렇게 걱정했다고?

데이비드 네 물리학 노트를 보고 난 후부터. 그것 좀 빌릴 수 있을까?

정답 1d2a3b

- cut down on ~(수량)을 줄이다 be addicted to ~에 중독되다 concerned about ~에 대해 걱정하는

2. 듣고 풀자

청취 지문은 절대로 커닝하지 말고 시험 보는 학생의 마음으로 진지하게 풀어보세요.

1) 여자가 현재 남자에게 원하는 것은?

a 전화로 도움을 요청하는 것
b 차를 빌려오는 것
c 불평을 멈추는 것
d 맥주를 사 오는 것

2) Where are the speakers?

a They are in a bar.
b They are at a beach.
c They are in a desert.
d They are in a rain forest.

rain forest 열대우림

3) The man is probably thinking about beer because?

a He is an alcoholic.
b He is thirsty.
c He is feeling lethargic.
d He is trying to make the woman laugh.

thirsty 목마른, 갈증이 나는 lethargic 무기력한, 혼수상태의

2. 다시 듣고 해석해보자

지문을 눈으로 읽어 내려가며 다시 한 번 집중해서 들어보세요.

John	I didn't know it got so hot here in the summer. I don't think I can take much of this weather.
Susan	What are you going to do? Call for help with your cell phone?
John	Look. You don't have to be sarcastic.
Susan	John. We are stranded in the middle of a desert. There is nothing but sand around us. I'd appreciate it if you would stop complaining.
John	I'm sorry, Susan. But I can't help thinking about ice cold beer and air conditioning.

존	여름에 이곳이 이렇게까지 더워질 줄 몰랐어. 이런 날씨 난 못 견디겠어.
수전	그래서 어떻게 할 건데? 휴대폰으로 전화해서 도움이라도 요청하려고?
존	이봐. 그렇게까지 빈정댈 필요는 없잖아.
수전	존. 우리는 사막 한가운데에서 오도가도 못 하고 있어. 우리 주위에 모래 말고는 아무것도 없다고. 제발 불평 좀 그만했으면 고맙겠다.
존	미안해, 수전. 하지만 얼음처럼 차가운 맥주와 에어컨 생각을 멈출 수가 없어.

정답 1c2c3b

- take 참다, 견디고 받아들이다　call for help 도움을 요청하다
  sarcastic 빈정대는, 비꼬는　stranded 오도가도 못 하는, 꼼짝달싹할 수 없는
  I'd appreciate it if ~한다면 고맙게 여기겠어
  can't help ~ing ~할 수밖에 없다

3. 듣고 풀자

청취 지문은 절대로 커닝하지 말고 시험 보는 학생의 마음으로 진지하게 풀어보세요.

1) 다음 중 사실이 아닌 것은?

a 두 사람은 오랜만에 만났다.
b 여자는 제빵사와 사귄 적이 있다.
c 여자는 화가와 사귄 적이 있다.
d 남자는 여자에게 차인 적이 있다.

2) What happened five years ago?

a Jenny quit her job as a painter.
b Max met Jenny by accident.
c Jenny left Max for another man.
d Max cheated on his girlfriend.

▲ by accident 우연히 cheat on 몰래 바람피우다
leave A for B A를 버리고 B를 만나다

3) Which of the following words best describes how Max is feeling now?

a Passive
b Apologetic
c Timid
d Irritated

▲ passive 수동적인 timid 겁 많은, 소심한 apologetic 후회하는, 사과의, 사죄의

3. 다시 듣고 해석해보자

지문을 눈으로 읽어 내려가며 다시 한 번 집중해서 들어보세요.

Jenny	Oh, hi, Max. How have you been? It's been a long time.
Max	What a surprise, Jenny! Fancy meeting you here.
Jenny	It's been five years, right?
Max	Yes. It's been five years since you dumped me and ran off with that Italian baker, Paolo.
Jenny	Wait a minute! First of all, his name is Luigi and he is a painter.
Max	Whatever! I couldn't care less.

제니	아, 안녕, 맥스. 어떻게 지냈어? 정말 오랜만이다.
맥스	이게 웬일이야, 제니! 여기서 이렇게 만나다니 놀라운걸!
제니	5년 만인가, 그렇지?
맥스	응. 네가 나를 버리고 그 이탈리아 제빵사 파올로와 달아난 후로 5년 만이지.
제니	잠깐! 우선 그의 이름은 루이기이고, 화가야.
맥스	어쨌든 간에! 난 전혀 관심 없어!

정답 1b2c3d

- dump 차버리다, 버리다　　ran off with ~와 함께 달아나다
  first of all 무엇보다도, 첫째　　whatever 뭐든 간에, 어쨌든 간에
  couldn't care less 전혀(털끝만치도) 관심 없다

듣고 받아써보자

DAY – 24

답안을 커닝하면 아무런 학습효과도 볼 수 없습니다. 답안을 가리고 받아쓰기에 임하세요.

1. ______ eating?

2. But I think you should really ______.

3. You know ______.

4. ______ were you so ______ my health?

5. I don't think I can ______.

6. ______ sand around us.

7. I' ______ if you would ______.

8. But I ______ about ice cold beer and air conditioning.

9. It's ______.

10. ______ you here!

11. It's been five years since you ______ and ______ that Italian baker, Paolo.

12. I ______!

정답 1 Have you finished 2 cut down on coffee 3 I'm addicted to it 4 Since when, concerned about 5 take much of this weather 6 There is nothing but 7 d appreciate it, stop complaining 8 can't help thinking 9 been a long time 10 Fancy meeting 11 dumped me, ran off with 12 couldn't care less

바꿔 말해보자

DAY - 24

한글 문장들을 영어로 바꿔 말해보세요. 혹시 잘 모르겠어도 일단 용감하게 도전해보세요.

1. 난 전혀 관심 없어!
2. 너 다 먹었니?
3. 우리 주위에 모래 말고는 아무것도 없다고.
4. 내가 그것에 중독된 거 너도 알잖아.
5. 네가 나를 버리고 그 이탈리아 제빵사 파올로와 달아난 후로 5년 만이지.
6. 네가 제발 불평 좀 그만했으면 고맙겠다.
7. 이런 날씨 난 못 견디겠어.
8. 하지만 난 얼음처럼 차가운 맥주와 에어컨 생각을 멈출 수가 없어.
9. 정말 오랜만이다.
10. 근데 내 생각에 넌 커피 좀 줄여야 할 것 같아.
11. 여기서 이렇게 만나다니 놀라운걸!
12. 네가 언제부터 내 건강을 그렇게 걱정했다고?

정답 1 I couldn't care less! 2 Have you finished eating? 3 There is nothing but sand around us. 4 You know I'm addicted to it. 5 It's been five years since you dumped me and ran off with that Italian baker, Paolo. 6 I'd appreciate it if you would stop complaining. 7 I don't think I can take much of this weather. 8 But I can't help thinking about ice cold beer and air conditioning. 9 It's been a long time. 10 But I think you should really cut down on coffee. 11 Fancy meeting you here! 12 Since when were you so concerned about my health?

1. 듣고 풀자

청취 지문은 절대로 커닝하지 말고 시험 보는 학생의 마음으로 진지하게 풀어보세요.

1) 다음 중 대화의 주제는?

a 입학시험
b 전공 선택
c 공부 습관
d 장학금 제도

2) Why does the man want to improve his grades?

a He wants to get into Business School.
b He wants to do better than the woman.
c He wants to show off to his friends.
d He wants to become a teacher.

▲ show off 자랑하다

3) All of the following can be inferred from the conversation EXCEPT?

a The man invites his friends to his house to play while he studies.
b The man wants to help the woman change her style of studying.
c The man turns on his stereo while studying.
d The man studies with this television set switched on.

▲ turn on ~(전기, 전기기구)를 켜다 switched on 스위치를 켜놓은

1. 다시 듣고 해석해보자

지문을 눈으로 읽어 내려가며 다시 한 번 집중해서 들어보세요.

Man I can't believe I did so poorly on this test! If I don't improve my grades I'm never going to be accepted into Business School.

Woman Maybe you should change your study habits.

Man What do you mean? Are you suggesting I get a tutor or something?

Woman No, I mean you should change your style of studying.

Man How?

Woman I'm sure your grades will improve once you concentrate only on your studies. Why don't you turn off your TV and stereo while you are studying? Also inviting your friends to party at your house while you are studying doesn't seem like a very good idea.

남자 내가 이 시험을 이렇게 못 봤다니 믿을 수가 없어! 다음 시험에서 성적을 올리지 못하면 경영대학에 결코 못 들어갈 거야.

여자 공부 습관을 바꿔보지그래?

남자 무슨 말이야? 가정교사라도 두라는 뜻이야?

여자 아니, 네가 공부하는 방식을 바꿔보라는 뜻이야.

남자 어떻게?

여자 일단 네가 공부에만 집중한다면 성적이 오를 거라고 확신해. 공부할 때는 TV랑 오디오를 끄는 게 어때? 또 네가 공부할 때 친구들을 집으로 불러서 파티를 하는 것도 그리 좋은 생각이 아닌 것 같아.

정답 1c2a3b

- poorly 형편없게, 탐탁지 않게　concentrate on ~에 집중하다
  turn off ~을 끄다

2. 듣고 풀자

청취 지문은 절대로 커닝하지 말고 시험 보는 학생의 마음으로 진지하게 풀어보세요.

1) 케빈의 마지막 말을 들은 팀의 예상되는 반응은?

a 황당해한다.
b 의기소침해한다.
c 행복해한다.
d 자랑스러워한다.

2) Why can't Tim remember anything?

a He is absent-minded.
b He is suffering from amnesia.
c He was too drunk to recall anything.
d He was having a bad headache.

absent-minded 얼빠져 있는, 방심 상태의 suffer from (병, 고통을) 앓다, 겪다
amnesia 기억상실증 recall 상기시키다

3) What can you infer from this conversation?

a The speakers were attending service at church.
b Tim and Kevin kissed last night.
c Kevin is a lucky man.
d Tim met a pretty girl at the party.

service 예배, 봉사, 군 복무

2. 다시 듣고 해석해보자

지문을 눈으로 읽어 내려가며 다시 한 번 집중해서 들어보세요.

Kevin Tim, do you remember what happened last night at the costume party?

Tim No, Kevin. I was so drunk I can't even remember how I got home.

Kevin Me, too. We were definitely wasted.

Tim Do you remember the girl I was with last night? The one dressed as a nun?

Kevin No. Did you meet a nice girl yesterday?

Tim Yes, she was the only one there dressed as a nun. In fact I kissed her.

Kevin Really? You lucky guy!

Tim By the way, what costume did you wear for the party?

Kevin I was dressed as a nun.

케빈 팀, 너 어제 변장 파티에서 무슨 일이 있었는지 기억나?

팀 아니, 케빈. 너무 취해서 어떻게 집에 왔는지도 기억나지 않아.

케빈 나도. 우리 확실히 맛이 갔었구나.

팀 어젯밤 나와 같이 있었던 여자애 기억나? 수녀 복장을 입고 왔던?

케빈 아니. 어제 괜찮은 여자애 만났어?

팀 응, 수녀복을 입고 온 애는 걔뿐이었는데. 나 사실 걔한테 키스했어.

케빈 정말? 운 좋은 자식!

팀 그런데 말이야, 너 어제 파티에 어떤 옷 입고 왔냐?

케빈 나 수녀복 입었지.

정답 1a2c3b

- costume party 변장 파티, 여러 가지 주제별로 옷을 갖춰 입고 하는 파티
  wasted 술에 취한(drunk) nun 수녀

3. 듣고 풀자

청취 지문은 절대로 커닝하지 말고 시험 보는 학생의 마음으로 진지하게 풀어보세요.

1) 리사가 소파에 앉을 수 없는 이유는?

a 소파가 망가져서
b 소파가 너무 딱딱해서
c 소파에 앉을 공간이 없어서
d 소파가 너무 더러워서

2) What can you infer about Chris?

a He did not know that Lisa would be coming to visit him.
b He cleans his apartment daily.
c He thinks Lisa is a burden.
d He understands the importance of hygiene.

burden 짐, 부담   hygiene 위생, 청결

3) What did Chris use his cup for?

a To wash his laundry.
b To water his plants.
c To throw out the garbage.
d To drink milk.

throw out 버리다

3. 다시 듣고 해석해보자

지문을 눈으로 읽어 내려가며 다시 한 번 집중해서 들어보세요.

Chris Come in, Lisa. Sorry about the mess in here. If I knew you were coming I would have at least taken out the garbage.

Lisa No problem, Chris. This is how guy's apartments are supposed to look like, isn't it?

Chris Thanks for understanding. Why don't you take a seat on the sofa?

Lisa I would like to, but it seems like your unwashed laundry is taking up all the space.

Chris Yes, good point. Why don't you just sit down on this chair? Coffee?

Lisa Sure, thanks. I hope your coffee cups are clean at least.

Chris Of course, they are. I just used it only once this morning to water my plants.

크리스 들어와, 리사. 지저분해서 미안해. 네가 올 줄 알았다면 최소한 쓰레기라도 내다 버렸을 텐데.

리사 아냐, 크리스. 남자들이 사는 아파트가 다 그렇지 뭐, 안 그래?

크리스 이해해줘서 고마워. 소파에 앉지 그래?

리사 그러고 싶지만 빨랫감들이 모든 공간을 차지하고 있어.

크리스 아, 맞아. 그냥 이 의자에 앉는 건 어때? 커피 마실래?

리사 물론, 고마워. 네 커피 컵만큼은 깨끗했으면 좋겠다.

크리스 당연하지. 깨끗해. 오늘 아침에 화분에 물 주느라 딱 한 번 썼어.

정답 1c2a3b

- garbage 쓰레기 laundry 빨랫감, 세탁물 take up 차지하다 water (화초에) 물을 주다

듣고 받아써보자

DAY – 25

답안을 커닝하면 아무런 학습효과도 볼 수 없습니다. 답안을 가리고 받아쓰기에 임하세요.

1. I can't believe I ______________ !

2. If I don't ______________ I'm never going to ______________ Business School.

3. No, I mean you should ______________ .

4. I'm sure your grades will improve ______________ your studies.

5. Tim, ______________ last night at the costume party?

6. I was ______________ I can't even remember ______________ .

7. We ______________ .

8. I was ______________ .

9. ______________ in here.

10. If I ______ you were coming I ______ at least ______ the garbage.

11. This is how guy's apartments ______________ , isn't it?

12. I would like to, but it ______________ your unwashed laundry is ______________ .

정답 1 did so poorly on this test 2 improve my grades, be accepted into 3 change your style of studying 4 once you concentrate only on 5 do you remember what happened 6 so drunk, how I got home 7 were definitely wasted 8 dressed as a nun 9 Sorry about the mess 10 knew, would have, taken out 11 are supposed to look like 12 seems like, taking up all the space

바꿔 말해보자

DAY – 25

한글 문장들을 영어로 바꿔 말해보세요. 혹시 잘 모르겠어도 일단 용감하게 도전해보세요.

1. 네가 올 줄 알았다면 최소한 쓰레기라도 내다 버렸을 텐데.

2. 난 다음 시험에서 성적을 올리지 못하면 경영대학에 결코 못 들어갈 거야.

3. 지저분해서 미안해.

4. 아니, 네가 공부하는 방식을 바꿔보라는 뜻이야.

5. 팀, 너 어제 변장 파티에서 무슨 일이 있었는지 기억나?

6. 난 너무 취해서 어떻게 집에 왔는지도 기억 안 나.

7. 남자들이 사는 아파트가 다 그렇지 뭐, 안 그래?

8. 일단 네가 공부에만 집중한다면 성적이 오를 거라고 난 확신해.

9. 나 수녀복을 입었지.

10. 우리 확실히 맛이 갔었구나.

11. 나도 그러고 싶지만 빨랫감들이 모든 공간을 차지하고 있는 것 같아서 말이야.

12. 내가 이 시험을 이렇게 못 봤다니 믿을 수가 없어!

정답 1 If I knew you were coming I would have at least taken out the garbage. 2 If I don't improve my grades I'm never going to be accepted into Business School. 3 Sorry about the mess in here. 4 No, I mean you should change your style of studying. 5 Tim, do you remember what happened last night at the costume party? 6 I was so drunk I can't even remember how I got home. 7 This is how guy's apartments are supposed to look like, isn't it? 8 I'm sure your grades will improve once you concentrate only on your studies. 9 I was dressed as a nun. 10 We were definitely wasted. 11 I would like to, but it seems like your unwashed laundry is taking up all the space. 12 I can't believe I did so poorly on this test!

1. 듣고 풀자

청취 지문은 절대로 커닝하지 말고 시험 보는 학생의 마음으로 진지하게 풀어보세요.

1) 다음 중 사실인 것은?

a 여자는 고객들과 미팅을 할 것이다.
b 남자는 고객들과의 미팅이 매우 중요하다고 생각한다.
c 남자는 특별 프레젠테이션을 준비하고 있다.
d 여자는 특별 프레젠테이션을 준비하고 있다.

2) Why is Matt looking for Nick?

a He wants Nick to go to a basketball game.
b He thinks Nick is drowning.
c He needs Nick to go to Japan.
d He wants Nick to prepare a presentation.

▲ drown 물에 빠지다, 익사하다

3) Why doesn't Matt deal with the problem himself?

a Matt is a poor swimmer.
b He can't speak Japanese.
c He wants to attend a sports game.
d He thinks Nick is a capable employee.

▲ capable 유능한

1. 다시 듣고 해석해보자

지문을 눈으로 읽어 내려가며 다시 한 번 집중해서 들어보세요.

Matt	I need to get in touch with Nick ASAP! It's really urgent!
Betty	Matt, what's wrong?
Matt	It's about our meeting tomorrow with the clients from Japan. I need him to prepare a special presentation.
Betty	I'm not sure if he is still at the office. I could ring him up and check.
Matt	Oh, no. We have to clinch this deal to keep our company afloat.
Betty	In the worst case scenario why don't you do it yourself?
Matt	What? And throw away my tickets to the Bulls game?

매트	닉이랑 최대한 빨리 연락이 되어야 하는데! 정말 급한 일이야!
베티	매트, 무슨 일인데?
매트	내일 일본에서 오는 고객들과의 미팅에 관한 거야. 그에게 특별 프레젠테이션을 시켜야 해.
베티	그가 아직 사무실에 있을지 모르겠다. 전화해서 확인해볼게.
매트	아, 안 돼. 회사가 문 닫지 않으려면 이 거래를 꼭 성사시켜야 해.
베티	최악의 상황에 대비해서 네가 하는 것이 어때?
매트	뭐라고? 불스 경기 표를 버리라고?

정답 1b2d3c

- get in touch with ~와 연락이 닿다
  ASAP 최대한 빨리(as soon as possible)　urgent 긴급한, 급박한
  clinch the deal 거래를 매듭짓다(성사시키다)
  afloat 적자를 면하고 있는, 수면에 떠 있는

2. 듣고 풀자

청취 지문은 절대로 커닝하지 말고 시험 보는 학생의 마음으로 진지하게 풀어보세요.

1) 재닛의 말을 통해 폴이 느끼는 것은?

a 재닛이 자신에게 호감이 있다.
b 재닛이 자신을 피하고 있다.
c 재닛의 건강에 문제가 있다.
d 재닛이 심한 스트레스를 받고 있다.

2) All of the following are things Janet has to do EXCEPT?

a Meet clients for lunch.
b Work at home.
c Dine with Paul.
d Work overtime.

dine 식사하다, 정찬을 대접하다 work overtime 초과 근무를 하다

3) Why is Janet busy over the next few days?

a She has to meet clients for a new deal.
b She is looking for a new job.
c She is making excuses not to meet Paul.
d She is competing with other colleagues for a raise.

make excuses 핑계를 둘러대다 raise (임금) 인상 compete 경쟁하다

2. 다시 듣고 해석해보자 DAY – 26

지문을 눈으로 읽어 내려가며 다시 한 번 집중해서 들어보세요.

Paul	Will you be at home this evening, Janet?
Janet	Well, I'm working late. I don't expect to be home until after 9:00.
Paul	Oh, I see. What about tomorrow? Are you free for lunch?
Janet	No, Paul. I'm afraid I'll be meeting clients for lunch.
Paul	Then what about tomorrow evening?
Janet	I think I will have to stay in and catch up on some work.
Paul	Is it just me or why do I get the feeling that you are trying to avoid me?
Janet	Really? I'm glad you noticed.

폴	재닛, 오늘 저녁에 집에 있을 거야?
재닛	글쎄, 오늘 늦게까지 일하는데. 9시 넘어서 집에 올 거야.
폴	그렇구나. 내일은 어때? 점심시간에 한가해?
재닛	아니, 폴. 고객들 만나서 점심 먹게 될 거야.
폴	그럼 내일 저녁은?
재닛	아마 집에서 밀린 일을 좀 해야 할 것 같아.
폴	나만 그렇게 느끼는 건가? 왜 네가 나를 피하려 한다는 느낌이 드는 거지?
재닛	그래? 눈치챘다니 다행이다.

정답 1b2c3c

- catch up on 밀린 것을 하다, 부족한 것을 만회하다, ~에 뒤처지지 않다
  notice 알아채다

3. 듣고 풀자

청취 지문은 절대로 커닝하지 말고 시험 보는 학생의 마음으로 진지하게 풀어보세요.

1) 아내가 남편에게 바라는 것은?

a 크리스마스 선물을 사주길 바란다.
b 집을 수리해주길 바란다.
c 페인트 근처에서 흡연하지 않길 바란다.
d 금연하길 바란다.

2) What is the husband planning to do for his wife?

a He plans to redecorate the house for her.
b He wants to draw her a painting.
c He plans to quit smoking.
d He hopes to surprise her by buying her a gift.

redecorate 다시 장식하다

3) How is the wife feeling about her husband's actions?

a Anxious
b Delighted
c Assured
d Impersonal

anxious 걱정하는, 근심하는, 불안한　impersonal 비인간적인
assured 안심하는

3. 다시 듣고 해석해보자

지문을 눈으로 읽어 내려가며 다시 한 번 집중해서 들어보세요.

Wife Honey, I'm home. What is all this?

Husband It's your Christmas present.

Wife What? All I see are wallpaper and a lot of paint.

Husband Remember how you said you wanted to renovate the house? Well, I'm going to renovate the house for you.

Wife That's a really sweet gesture but shouldn't you leave these kinds of things to the professionals?

Husband Trust me. I know what I'm doing.

Wife Okay. But I will appreciate it if you don't smoke so close to the flammable paint.

아내 자기야, 나 왔어. 이게 다 뭐야?

남편 당신 크리스마스 선물이야.

아내 뭐라고? 내 눈에 보이는 건 벽지랑 페인트뿐인데.

남편 당신이 집을 개조하고 싶다고 말했던 거 기억나? 당신을 위해서 내가 집을 개조할 생각이야.

아내 정말 마음 따뜻한 제스처이긴 한데 이런 일들은 전문가에게 맡겨야 하지 않을까?

남편 날 믿어. 다 알고 하는 거니까.

아내 알았어. 그런데 그 가연성 페인트에 가까이 붙어서 담배를 피우지 않으면 고마울 텐데.

정답 1c2a3a

- wallpaper 벽지 renovate 개조하다, 수선하다 gesture 행위, 표시, 몸짓 flammable 가연성의, 불붙기 쉬운

듣고 받아써보자

DAY - 26

답안을 커닝하면 아무런 학습효과도 볼 수 없습니다. 답안을 가리고 받아쓰기에 임하세요.

1. I need to ______ Nick ASAP!

2. I could ______ and check.

3. ______ why don't you do it yourself?

4. And ______ to the Bulls game?

5. I ______ home until after 9:00.

6. I think I will ______ and ______ some work.

7. Why do I ______ that you are ______?

8. I'm ______.

9. Remember how you said you ______?

10. I'm ______ for you.

11. That's a really ______ but shouldn't you ______ to the professionals?

12. But I ______ if you don't smoke ______ the flammable paint.

정답 1 get in touch with 2 ring him up 3 In the worst case scenario 4 throw away my tickets 5 don't expect to be 6 have to stay in, catch up on 7 get the feeling, trying to avoid me 8 glad you noticed 9 wanted to renovate the house 10 going to renovate the house 11 sweet gesture, leave these kinds of things 12 will appreciate it, so close to

바꿔 말해보자

DAY - 26

한글 문장들을 영어로 바꿔 말해보세요. 혹시 잘 모르겠어도 일단 용감하게 도전해보세요.

1. 당신을 위해서 내가 집을 개조할 생각이야.

2. 내가 닉이랑 최대한 빨리 연락이 되어야 하는데!

3. 그건 정말 마음 따뜻한 제스처이긴 한데 이런 일들은 전문가에게 맡겨야 하지 않을까?

4. 그럼 불스 경기 표를 버리라고?

5. 아마 집에서 밀린 일을 좀 해야 할 것 같아.

6. 9시 넘어서 집에 올 거야

7. 그런데 네가 그 가연성 페인트에 가까이 붙어 담배 피우지 않으면 고맙겠어.

8. 그에게 전화해서 확인해볼게.

9. 최악의 상황에 대비해서 네가 하는 것이 어때?

10. 네가 눈치챘다니 다행이다.

11. 당신이 집을 개조하고 싶다고 말했던 거 기억나?

12. 왜 네가 나를 피하려 한다는 느낌이 드는 거지?

정답 1 I'm going to renovate the house for you. 2 I need to get in touch with Nick ASAP! 3 That's a really sweet gesture but shouldn't you leave these kinds of things to the professionals? 4 And throw away my tickets to the Bulls game? 5 I think I will have to stay in and catch up on some work. 6 I don't expect to be home until after 9:00. 7 But I will appreciate it if you don't smoke so close to the flammable paint. 8 I could ring him up and check. 9 In the worst case scenario why don't you do it yourself? 10 I'm glad you noticed. 11 Remember how you said you wanted to renovate the house? 12 Why do I get the feeling that you are trying to avoid me?

1. 듣고 풀자

청취 지문은 절대로 커닝하지 말고 시험 보는 학생의 마음으로 진지하게 풀어보세요.

1) 두 사람의 대화 주제는?

a 여자의 인터뷰
b 남자의 인터뷰
c 내일 저녁 계획
d 쇼핑 계획

2) What did the woman do after work?

a She went to the department store.
b She visited the dry-cleaner's.
c She went to a bakery.
d She drove Matt to an interview.

dry-cleaner's 세탁소 drive ~ to ~를 차로 태워다주다

3) What can you infer from this conversation?

a Matt is arrogant.
b Cindy is a good baker.
c The speakers are getting married.
d Matt is a humble person.

arrogant 거만한, 거드름 부리는 humble 겸손한

1. 다시 듣고 해석해보자

DAY – 27

지문을 눈으로 읽어 내려가며 다시 한 번 집중해서 들어보세요.

Cindy	I went to the dry-cleaner's after work. They said your suit will be ready by tomorrow.
Matt	Thanks, Cindy. I need it for my interview in the evening.
Cindy	I know, Matt. Are you prepared?
Matt	I'm sure it will be a piece of cake.
Cindy	Just make sure you are not too overconfident. You don't want to sound arrogant. That might give them the wrong impression.
Matt	I know what you mean, Cindy. I'll make sure I'll be myself during the interview.
Cindy	That's what I'm worried about.

신디	퇴근 후에 세탁소에 갔었어. 내일 네 정장을 찾을 수 있을 거래.
매트	고마워, 신디. 내일 저녁에 있을 인터뷰 때 그 정장을 입어야 하거든.
신디	알아, 매트. 준비는 됐니?
매트	식은 죽 먹기일 거야.
신디	너무 자만하지 않도록 해. 거만하게 보이면 안 돼. 그렇게 하면 나쁜 인상을 줄 수도 있어.
매트	무슨 말인지 알아, 신디. 인터뷰 때 평소의 내 모습을 꼭 보여줄게.
신디	그게 바로 내가 걱정하는 거야.

정답 1b2b3a

- suit 정장　piece of cake 식은 죽 먹기, 아주 쉬운 일
  overconfident 확신이 지나치게 넘치는, 자부심이 강한

2. 듣고 풀자

청취 지문은 절대로 커닝하지 말고 시험 보는 학생의 마음으로 진지하게 풀어보세요.

1) 대화가 이루어지고 있는 장소는?

a 병원 앞
b 관공서 앞
c 안경점 앞
d 현금지급기 앞

2) The policeman questioned the man on all of the following EXCEPT?

a Why the man was wearing sunglasses at night.
b Why the man was alarmed when he spoke to him.
c Why the man was beating on the machine with a hammer.
d Why the man had an eye infection.

▲ alarmed 놀란 eye infection 눈병

3) The man is probably a/an __________.

a Undercover cop
b Entrepreneur
c Politician
d Robber

▲ politician 정치가

2. 다시 듣고 해석해보자

지문을 눈으로 읽어 내려가며 다시 한 번 집중해서 들어보세요.

Police officer	What are you doing?
Man	I'm just withdrawing some money from the ATM, Officer.
Police officer	Why did you look so frightened when I called out to you?
Man	Nothing special. I was just surprised.
Police officer	Why are you wearing sunglasses in the middle of the night?
Man	I have a contagious eye infection. It's my doctor's order.
Police officer	One last question. Why were you smashing the screen of the ATM with a hammer?
Man	It's because of the sensitive touch screen. I wanted to push the right buttons.

경찰관	뭐 하고 계십니까?
남자	현금지급기에서 돈을 좀 인출하고 있는데요, 경관님.
경찰관	제가 당신을 불렀을 때 왜 그렇게 겁에 질린 표정이었죠?
남자	별일 아니에요. 그냥 좀 놀랐을 뿐이에요.
경찰관	왜 한밤중에 선글라스를 끼고 계신 거죠?
남자	제가 전염성이 있는 눈병에 걸렸거든요. 의사 선생님의 지시입니다.
경찰관	마지막 질문. 왜 현금지급기 화면을 망치로 때리고 있었죠?
남자	그건 이 민감한 터치 스크린 때문이에요. 정확한 버튼을 누르고 싶었거든요.

정답 1d2d3d

- ATM 현금지급기(Automated Teller Machine) frightened 겁에 질린
  call out 소리쳐 부르다 contagious 전염성의

3. 듣고 풀자

청취 지문은 절대로 커닝하지 말고 시험 보는 학생의 마음으로 진지하게 풀어보세요.

1) 다음 중 사실인 것은?

a 샐리는 데니스를 믿지 못하고 있다.
b 샐리는 회사 자금을 불법으로 사용했다.
c 데니스는 회사 자금을 불법으로 사용했다.
d 샐리는 구내전화로 상사의 얘기를 들었다.

2) How is Sally feeling?

a She is feeling excited.
b She is disappointed.
c She is optimistic.
d She is shaken up.

▲ shaken up 쩔쩔 매는, 어쩔 줄 몰라 하는

3) What did Sally find out?

a She found out that she could trust Dennis.
b She found out that her boss is guilty of illegal activities.
c She found out that her intercom is working.
d She found out that fraud is a serious offense.

▲ fraud 사기

3. 다시 듣고 해석해보자

지문을 눈으로 읽어 내려가며 다시 한 번 집중해서 들어보세요.

Dennis	Hey, Sally. You are a nervous wreck. What's wrong?
Sally	Can I trust you, Dennis?
Dennis	Of course. You know you can count on me.
Sally	I just found out that our boss is guilty of illegally using our company funds.
Dennis	Are you sure? That is a serious offense.
Sally	I heard him talking about it over the telephone.
Dennis	Were you eavesdropping on him?
Sally	No, I heard him through the intercom.

데니스	야, 샐리, 너 왜 이렇게 초조해서 안달이야. 무슨 일 있어?
셀리	데니스, 널 믿어도 되니?
데니스	물론이지. 넌 내가 믿을 만하다는 거 알잖아.
셀리	내 상관이 회사 자금을 불법으로 사용한 사실을 알아버렸어.
데니스	확실해? 그건 중대한 범죄인데.
셀리	그 사람이 전화로 이야기하는 걸 들었어.
데니스	몰래 엿들은 거야?
셀리	아니, 구내전화를 통해서 들은 거야.

정답 1d2d3b

- nervous wreck 불안(초조)해하는 사람　count on 의지하다, 믿다
guilty of ~죄를 지은　offense 위반 행위　eavesdrop 엿듣다, 도청하다

듣고 받아써보자

답안을 커닝하면 아무런 학습효과도 볼 수 없습니다. 답안을 가리고 받아쓰기에 임하세요.

1. I ________ in the evening.

2. I'm sure it will be ________.

3. Just make sure you ________.

4. That might ________.

5. I'm just ________ the ATM, Officer.

6. Why did you ________ when I ________ you?

7. I have ________.

8. ________ the sensitive touch screen.

9. You are ________.

10. You know you ________.

11. I heard him ________ the telephone.

12. Were you ________?

정답 1 need it for my interview 2 a piece of cake 3 are not too overconfident 4. give them the wrong impression 5 withdrawing some money from 6 look so frightened, called out to 7 a contagious eye infection 8 It's because of 9 a nervous wreck 10 can count on me 11 talking about it over 12 eavesdropping on him

바꿔 말해보자

DAY – 27

한글 문장들을 영어로 바꿔 말해보세요. 혹시 잘 모르겠어도 일단 용감하게 도전해보세요.

1. 넌 내가 믿을 만하다는 거 알잖아.

2. 너는 거만하게 보이면 안 돼.

3. 나는 내일 저녁에 있을 인터뷰 때 그것을 입어야 하거든.

4. 그의 말을 몰래 엿들은 거야?

5. 제가 전염성이 있는 눈병에 걸렸거든요.

6. 식은죽 먹기일 거라고 난 확신해.

7. 저는 현금지급기에서 돈을 좀 인출하고 있는데요, 경관님.

8. 너 완전 초조해서 난리구나.

9. 그건 이 민감한 터치 스크린 때문이에요.

10. 나는 그 사람이 전화로 이야기하는 걸 들었어.

11. 그렇게 하면 나쁜 인상을 줄 수도 있어.

12. 제가 당신을 불렀을 때 왜 그렇게 겁에 질린 표정이셨죠?

정답 1 You know you can count on me. 2 Just make sure you are not too overconfident. 3 I need it for my interview in the evening. 4 Were you eavesdropping on him? 5 I have a contagious eye infection. 6 I'm sure it will be a piece of cake. 7 I'm just withdrawing some money from the ATM, Officer. 8 You are a nervous wreck. 9 It's because of the sensitive touch screen. 10 I heard him talking about it over the telephone. 11 That might give them the wrong impression. 12 Why did you look so frightened when I called out to you?

Genre 5
Others

갖가지 장르로 분류하고도 남은 아까운 명대사들.
주옥같은 한마디,
유용한 한마디를
끝까지 놓치지 마세요.

오해 넷, 속도 빠른 내용으로 연습하면 그보다 느린 것은 다 들린다?

영어가 아니라 우리말이라도 빠르게 말하면 알아듣기 힘들다. 긴 문장의 경우에는 더욱 힘들다. 영어 원어민은 영어로 된 정보를 그대로 기억하면 되지만, 우리는 우리말로 바꿔서 기억한다.(우리말 구조가 머리와 의식 깊숙이 박힌 토종 한국인은) 즉, 정보 입력단계가 원어민일 때보다 더 복잡하다.

영어는 주어에 동사가 붙고, 여기에 목적어와 보어, 부사 하는 식으로 하나씩 뒤로 늘어나면서 길어지지만, 우리말은 주어가 오고 마지막에 동사(서술어)가 온다.

그래서 영어를 머릿속에서 우리말로 옮길 경우, 영어 문장에서는 동사를 한참 전에 들었어도 우리말에서는 마지막 단어가 나올 때까지 문장은 분명한 의미를 띨 수 없다.

그렇게 되면 문장의 앞뒤 논리가 약해서 외워지지도 않는다.

글을 읽는 경우에는 한 번 더 읽으면 정리가 되지만, 대화를 하는 경우에는 다시 말해달라고 부탁하기 곤란한 경우가 많다.

이럴 때 좋은 방법이 있다. 바로, 어순대로 들은 정보를 그림으로 기억하는 것이다.

우리말로 옮기지 말고, 퍼즐 그림을 맞추듯 의미 조각을 그림으로 그려보자.

문자보다는 이미지가 오래 가기 때문이다.

1. 듣고 풀자

청취 지문은 절대로 커닝하지 말고 시험 보는 학생의 마음으로 진지하게 풀어보세요.

1) 브래드의 정체로 예상되는 것은?

a 안내소 직원
b 보석 세공사
c 보석 판매원
d 강도

2) What did Brad offer Danny?

a Brad offered to give Danny some information.
b Brad wanted to sell Danny some jewels.
c Brad offered Danny an opportunity to work with him.
d Brad wanted Danny to go into retirement.

go into retirement 은퇴하다, 현직에서 물러나다

3) How does Danny feel about Brad's offer?

a He is excited about the possibilities.
b He feels that it is a reasonable offer.
c He thinks that it is a superb idea.
d He feels it is an irrational idea.

superb 훌륭한, 멋진, 최상의

1. 다시 듣고 해석해보자

지문을 눈으로 읽어 내려가며 다시 한 번 집중해서 들어보세요.

Brad Hey, Danny. I have a job for you.

Danny Brad, you know, I'm retired. Besides, my informant didn't tell me anything about a big job available.

Brad Well, your informant is wrong. This is going to go down as the biggest heist of all time.

Danny Brad, you are going to need more than hot air to convince me about this.

Brad Well, we are going to go after the crown jewels.

Danny Are you insane? You mean the British crown jewels?

브래드 대니, 네가 해줄 일이 있어.

대니 브래드, 알다시피 나 은퇴했잖아. 게다가 내 정보원이 큰 건수가 있다고 말한 적 없어.

브래드 네 정보원 녀석이 틀렸어. 이번 건은 사상 최대의 강도 사건으로 역사에 남을 거야.

대니 브래드, 나한테 이걸 설득하려면 허풍보다 확실한 게 필요할 거야.

브래드 흠, 우린 왕관 보석을 노릴 거야.

대니 미쳤어? 영국의 왕관 보석 말이야?

정답 1d2c3d

- informant 정보 제공자, 밀고자　go down (in history) 길이 전해지다,
heist 강도, 절도, 은행 강도　go after 노리다, 추구하다, 쫓다
crown jewel 왕관에 박힌 보석, (기업의) 중요 자산 또는 중요 핵심 사업
hot air 허풍　insane 미친, 제정신이 아닌

2. 듣고 풀자

청취 지문은 절대로 커닝하지 말고 시험 보는 학생의 마음으로 진지하게 풀어보세요.

1) 다음 중 사실인 것은?

a 남자는 5년 전 담배를 끊은 적이 있다.
b 여자는 5년 전 담배를 끊은 적이 있다.
c 남자는 운동과 명상을 매우 좋아한다.
d. 여자는 운동과 명상을 매우 좋아한다

2) The man has tried all of the following methods to quit smoking EXCEPT?

a Nicotine patch
b Exercise
c Meditation
d Narcotics

▲ meditation 명상 narcotic 마약

3) Why did the man start smoking again?

a He was stressed about smoking.
b He needed to find a new job.
c He was stressed out from work.
d The woman convinced him to start again.

▲ stressed out 스트레스가 심한 convince 납득시키다, 설득시키다

2. 다시 듣고 해석해보자

지문을 눈으로 읽어 내려가며 다시 한 번 집중해서 들어보세요.

Woman Joe, I didn't know you smoked.

Joe Actually I quit smoking five years ago, but I've started smoking again.

Woman How come? You should kick the habit.

Joe I know. But I'm under a lot of stress at work. I needed something to calm me down.

Woman Why don't you try exercising or meditation instead?

Joe To tell you the truth, I've tried all of that. In fact, I've even tried nicotine patches and gum, but they didn't work.

Woman Maybe what you need is a stronger determination to quit.

여자 조, 네가 담배 피우는 줄 몰랐어.

조 사실 5년 전에 끊었는데, 다시 피우게 된 거야.

여자 어째서? 너 그 습관은 버려야 해.

조 알아. 하지만 회사에서 스트레스를 엄청나게 받아. 나를 진정시켜줄 무언가가 필요했어.

여자 운동이나 명상을 해보지그래?

조 사실, 그런 거 다 해봤어. 금연 패치, 금연 껌도 해봤지만, 효과가 없었어.

여자 아마 너에게 정말 필요한 건 끊겠다는 보다 강한 결단력인 것 같아.

정답 1a2d3c

- kick the habit 습관을 버리다 meditation 명상
  work 효과가 있다, (약이) 잘 들다 determination 결단력, 강한 의지

3. 듣고 풀자

청취 지문은 절대로 커닝하지 말고 시험 보는 학생의 마음으로 진지하게 풀어보세요.

1) 여자는 남자를 만나기 전에 무엇을 하고 있었나?

a 퇴근하고 집에 가는 중이었다.
b 차를 수리하고 있었다.
c 주유소를 찾고 있었다.
d 식당에서 밥을 먹고 있었다.

2) The man and the woman are?

a Friends
b Strangers
c Colleagues
d Athletes

▲ colleague 일하는 동료 athlete 운동선수

3) What can you infer from the conversation?

a The woman was coming home from work.
b The man worked in a gas station.
c The man had given the woman a ride.
d The woman was on vacation.

▲ on vacation 방학 중인, 휴가 중인

3. 다시 듣고 해석해보자

DAY – 28

지문을 눈으로 읽어 내려가며 다시 한 번 집중해서 들어보세요.

Man	What were you doing out on the road at such a late hour?
Woman	My car broke down and I was looking for a gas station.
Man	You're lucky I picked you up back there. You would have walked till daybreak and still not find a gas station. The nearest one is thirty miles from here.
Woman	Really? Thanks for picking me up. By the way, what were you doing driving around in the middle of the night?
Man	I was coming home from work.
Woman	What kind of work do you do?
Man	I'm an electrician.

남자	그렇게 늦은 시간에 길에서 뭘 하고 계셨어요?
여자	차가 고장 나서 주유소를 찾고 있었어요.
남자	운이 좋아서 내가 아까 거기서 당신을 태운 거예요. 주유소도 못 찾고, 날이 샐 때까지 걸어야 했을걸요. 가장 가까운 주유소가 여기서 30마일 떨어진 곳에 있어요.
여자	정말요? 태워주셔서 감사해요. 그런데 한밤중에 차를 몰고 뭘 하고 계셨던 거예요?
남자	일을 마치고 집에 가는 길이었어요.
여자	어떤 일을 하시죠?
남자	전기 기술자예요.

정답 1c2b3c

- break down 고장 나다, 깨지다, 부서지다
  pick up 차에 태워주다, ~을 사 오다, (맡긴 것을) 찾아오다 daybreak 새벽
  electrician 전기공, 전기 기술자

듣고 받아써보자 DAY – 28

답안을 커닝하면 아무런 학습효과도 볼 수 없습니다. 답안을 가리고 받아쓰기에 임하세요.

1. Besides, my informant ______ a big job available.

2. This is going to go down ______ all time.

3. Brad, you are going to need more than ______ about this.

4. Well, we are going to ______.

5. Actually I ______ five years ago, but I' ______ again.

6. You ______.

7. But I'm ______ at work.

8. ______ exercising or meditation instead?

9. What were you doing out on the road ______?

10. My car ______ and I was ______ a gas station.

11. You ______ till daybreak and still ______ a gas station.

12. I was ______.

정답 1 didn't tell me anything about 2 as the biggest heist 3 hot air to convince me 4 go after the crown jewels 5 quit smoking, ve started smoking 6 should kick the habit 7 under a lot of stress 8 Why don't you try 9 at such a late hour 10 broke down, looking for 11 would have walked, not find 12 coming home from work

바꿔 말해보자

DAY - 28

한글 문장들을 영어로 바꿔 말해보세요. 혹시 잘 모르겠어도 일단 용감하게 도전해보세요.

1. 너는 운동이나 명상을 해보지그래?
2. 너 그 습관은 버려야 해.
3. 흠, 우린 왕관 보석을 노릴 거야.
4. 당신은 그렇게 늦은 시간에 길에서 뭘 하고 계셨어요?
5. 게다가 내 정보원이 큰 건수가 있다고 말한 적 없어.
6. 하지만 회사에서 스트레스를 엄청나게 받아.
7. 브래드, 나한테 이걸 설득하려면 허풍보다 확실한 게 필요할 거야.
8. 당신은 주유소도 못 찾고, 날이 샐 때까지 걸어야 했을걸요.
9. 이번 건은 사상 최대의 강도 사건으로 역사에 남을 거야.
10. 나는 일을 마치고 집에 가는 길이었어요.
11. 사실 나는 5년 전 끊었었는데, 다시 피우게 된 거야.
12. 내 차가 고장이 나서 나는 주유소를 찾고 있었어요.

정답 1 Why don't you try exercising or meditation instead? 2 You should kick the habit. 3 Well, we are going to go after the crown jewels. 4 What were you doing out on the road at such a late hour? 5 Besides, my informant didn't tell me anything about a big job available. 6 But I'm under a lot of stress at work. 7 Brad, you are going to need more than hot air to convince me about this. 8 You would have walked till daybreak and still not find a gas station. 9 This is going to go down as the biggest heist of all time. 10 I was coming home from work. 11 Actually I quit smoking five years ago, but I've started smoking again. 12 My car broke down and I was looking for a gas station.

1. 듣고 풀자 DAY-29

청취 지문은 절대로 커닝하지 말고 시험 보는 학생의 마음으로 진지하게 풀어보세요.

1) 현재 여자의 상태는?

a 안심하고 있다.
b 기뻐하고 있다.
c 무관심하다.
d 겁을 먹고 있다.

2) The man is probably a/an __________.

a Counselor
b Attendant
c Doctor
d Teacher

attendant (서비스업에서) 손님의 편의를 담당하는 사람, 종업원

3) What caused the woman to suffer her condition?

a Her failure to stay calm
b The man's refusal to help
c An injury to her head
d Her sense of hopelessness

stay calm 심리적 안정을 유지하다 refusal 거절 injury 부상, 상해
sense of hopelessness 절망감, 자포자기

1. 다시 듣고 해석해보자

DAY – 29

지문을 눈으로 읽어 내려가며 다시 한 번 집중해서 들어보세요.

Man	Miss Smith, the test shows that you are suffering from amnesia.
Ms. Smith	Isn't that a medical condition where I can't remember things?
Man	Yes. The test results show that you suffered a severe blow to your head and this caused certain parts of your brain to lose their functions.
Ms. Smith	Can I be cured?
Man	It's hard to tell. It could take weeks or years but I suggest you stay calm and not panic.
Ms. Smith	How can I stay calm? I don't know who I am!

남자	스미스 양, 검사 결과 기억상실증에 걸린 것으로 나타났습니다.
스미스	그건 기억을 못 하는 병 아닌가요?
남자	네. 검사 결과, 머리를 심하게 부딪혀서, 그로 인해 뇌의 특정 부위가 기능을 상실했습니다.
스미스	치료될 수 있나요?
남자	말씀드리기 힘듭니다. 수 주 혹은 수년이 걸릴 수도 있어요. 하지만 마음을 안정시키고, 너무 겁먹지 마시길 권합니다.
스미스	제가 어떻게 진정할 수 있겠어요? 전 제가 누군지도 모른다고요!

정답 1d2c3c

- amnesia 기억상실증　condition 병, 질환, 상태
- severe 심한, 심각한　panic 겁먹다, 공포에 떨다

2. 듣고 풀자

청취 지문은 절대로 커닝하지 말고 시험 보는 학생의 마음으로 진지하게 풀어보세요.

1) 아들이 엄마에게 기대하는 것은?

a 맛있는 저녁
b 용돈
c 생일 파티
d 생일 선물

2) What is the mother doing?

a She is troubled by the prices at the supermarket.
b She is cooking in the kitchen.
c She is cutting out coupons.
d She is thinking about her birthday.

▲ troubled 괴로운, 마음이 심란한　cut out 오려내다, 잘라내다

3) What can you infer from the conversation?

a The son is lazy.
b The son is doing badly in school.
c The mother wants to buy something for herself.
d The mother is trying to teach her son to be economical.

▲ economical 절약하는, 검약한

2. 다시 듣고 해석해보자

지문을 눈으로 읽어 내려가며 다시 한 번 집중해서 들어보세요.

Son	Hey, Mom. What are you doing?
Mother	I'm cutting out coupons from the newspaper.
Son	What for?
Mother	I get a discount for every item I buy with these coupons at the supermarket.
Son	That's great. But it really seems troublesome.
Mother	Son, you can't be lazy when it comes to saving money. I hope you will learn to save money like this.
Son	Yes, mother. By the way, I guess I can get a really cool present for my birthday.

아들	엄마, 뭐 하세요?
엄마	신문에서 쿠폰을 오려내고 있단다.
아들	뭐 하려고요?
엄마	이 쿠폰으로 슈퍼마켓에서 사는 모든 물건을 할인 받을 수 있거든.
아들	그거 좋네요. 근데 정말 귀찮을 거 같아요.
엄마	아들, 돈을 절약하는 일에 게으름을 피워선 안 돼. 이런 식으로 돈을 아끼는 법을 배우길 바란다.
아들	네, 엄마. 그런데 제 생일엔 정말 멋진 선물을 받을 수 있겠는데요.

정답 1d2c3d

- get a discount 할인을 받다 troublesome 성가신, 귀찮은
  when it comes to ~에 관해, ~라면

3. 듣고 풀자

청취 지문은 절대로 커닝하지 말고 시험 보는 학생의 마음으로 진지하게 풀어보세요.

1) 집사는 어젯밤 잠들기 전에 무엇을 했나?

a 형사를 만났다.
b 서재에서 우유를 마셨다.
c 존슨 씨에게 우유를 갖다줬다.
d 존슨 씨에게 책을 갖다줬다.

2) Where is this conversation taking place?

a At a library
b At a police station
c At a corner shop
d At a gymnasium.

corner shop 모퉁이 가게, 작은 가게 gymnasium 체육관, 경기장

3) Why was the man brought in for questioning?

a The man was selling milk.
b The man was a suspect in a murder case.
c The man was guilty of lying.
d The man was offering clues to his employer.

suspect 용의자 clue 실마리, 단서 murder case 살인 사건

3. 다시 듣고 해석해보자

지문을 눈으로 읽어 내려가며 다시 한 번 집중해서 들어보세요.

Detective	When was the last time you saw Mr. Johnson?
Butler	I saw him last night just before I went to bed, Officer.
Detective	What do you mean?
Butler	I brought him a cup of warm milk in his study. He always drinks a cup of milk before going to bed.
Detective	Do you know why I brought you here for questioning?
Butler	I have no clue, Officer.
Detective	Your employer had been found murdered in his study this morning.

형사	존슨 씨를 마지막으로 본 게 언제죠?
집사	어젯밤 제가 잠들기 전이요, 형사님.
형사	그게 무슨 말이죠?
집사	제가 그분에게 따뜻한 우유 한 컵을 서재로 가져다드렸거든요. 주무시기 전에 항상 우유 한 잔을 드시거든요.
형사	왜 당신을 여기로 불러서 심문하는지 아십니까?
집사	모르겠는데요, 형사님.
형사	당신의 주인이 오늘 아침 서재에서 살해된 채로 발견되었습니다.

정답 1c2b3b

- study 서재　have no clue 오리무중이다, 전혀 알 수 없다

듣고 받아써보자

DAY – 29

답안을 커닝하면 아무런 학습효과도 볼 수 없습니다. 답안을 가리고 받아쓰기에 임하세요.

1. Miss Smith, the test shows that you __________.

2. Isn't that a medical condition __________?

3. It could take weeks or years but I suggest you __________.

4. _____ can I _____?

5. I'm __________ the newspaper.

6. I __________ every item I buy __________ at the supermarket.

7. Son, you can't be lazy __________ money.

8. By the way, I guess I can __________ for my birthday.

9. __________ you saw Mr. Johnson?

10. I saw him last night __________, Officer.

11. He always __________ before going to bed.

12. Your employer __________ in his study this morning.

정답 1 are suffering from amnesia 2 where I can't remember things 3 stay calm and not panic 4 How, stay calm 5 cutting out coupons from 6 get a discount for, with these coupons 7 when it comes to saving 8 get a really cool present 9 When was the last time 10 just before I went to bed 11 drinks a cup of milk 12 had been found murdered

바꿔 말해보자

DAY - 29

한글 문장들을 영어로 바꿔 말해보세요. 혹시 잘 모르겠어도 일단 용감하게 도전해보세요.

1. 그는 잠들기 전에 항상 우유를 한 잔 마시거든요.

2. 그런데 제 생일엔 정말 멋진 선물을 받을 수 있겠는데요.

3. 나는 신문에서 쿠폰을 오려내고 있는 중이다.

4. 그건 기억을 못하는 병 아닌가요?

5. 수 주 혹은 수년이 걸릴 수도 있지만 마음을 안정시키고, 너무 겁먹지 마시길 권합니다.

6. 당신이 존슨 씨를 마지막으로 본 게 언제죠?

7. 제가 어떻게 진정할 수 있어요?

8. 당신의 주인이 오늘 아침 서재에서 살해된 채로 발견되었습니다.

9. 아들, 돈을 절약하는 일에 게으름을 피워선 안 돼.

10. 어젯밤 제가 잠들기 전에 그를 보았어요, 형사님.

11. 스미스 양, 검사 결과 기억상실증에 걸린 것으로 나타났습니다.

12. 이 쿠폰으로 슈퍼마켓에서 사는 모든 물건을 할인 받을 수 있거든.

정답 1 He always drinks a cup of milk before going to bed. 2 By the way, I guess I can get a really cool present for my birthday. 3 I'm cutting out coupons from the newspaper. 4 Isn't that a medical condition where I can't remember things? 5 It could take weeks or years but I suggest you stay calm and not panic. 6 When was the last time you saw Mr. Johnson? 7 How can I stay calm? 8 Your employer had been found murdered in his study this morning. 9 Son, you can't be lazy when it comes to saving money. 10 I saw him last night just before I went to bed, Officer. 11 Miss Smith, the test shows that you are suffering from amnesia. 12 I get a discount for every item I buy with these coupons at the supermarket.

1. 듣고 풀자

청취 지문은 절대로 커닝하지 말고 시험 보는 학생의 마음으로 진지하게 풀어보세요.

1) 다음 중 사실인 것은?

a 남자는 현재 배가 고프다.
b 남자는 특별한 요리방법을 알고 있다.
c 여자는 남자를 돌봐주기를 원한다.
d 여자는 남자에게 감동을 받았다.

2) What does the woman want to do for the man?

a She wants to take the man out for dinner.
b She wants the man to cook a meal for her.
c She wants to cook for the man.
d She wants to shop for groceries.

take ~ out for dinner ~에게 저녁 외식을 시켜주다

3) Why does the woman want to do something for the man?

a She has nothing better to do.
b She is feeling special.
c She realized she loved the man.
d She wants the man to do the same for her.

nothing better to do 달리 할 일이 없다 feel special 특별한 기분이 들다

1. 다시 듣고 해석해보자

지문을 눈으로 읽어 내려가며 다시 한 번 집중해서 들어보세요.

Woman	Would you like something to eat?
Man	I don't want anything at the moment, thank you. I'm not very hungry.
Woman	That's too bad. I was thinking of cooking something special for you.
Man	What did you have in mind?
Woman	I was thinking of cooking my special spaghetti and meat-balls.
Man	Really? Since when did you decide to cook for me?
Woman	Ever since I realized how much I love you. I want to take care of you.
Man	I'm touched, Julie. I love you, too.

여자	뭐 좀 먹을래?
남자	고맙지만 지금 아무것도 먹고 싶지 않아. 그렇게 배고프지 않거든.
여자	안됐다. 널 위해 특별한 요리를 해볼까 생각 중이었는데.
남자	뭘 하려고 했는데?
여자	내 특별 스파게티와 미트볼을 만들어볼까 했지.
남자	정말? 네가 언제부터 날 위해 요리하기로 한 거야?
여자	내가 너를 얼마나 사랑하는지를 알고 난 후부터. 너를 돌봐주고 싶어.
남자	줄리, 나 감동받았어. 나도 너를 사랑해.

정답 1c2c3c

- at the moment 당장은, 지금으로선　　that's too bad 그것 참 안됐다
  touched 감동받은(impressed)

2. 듣고 풀자

청취 지문은 절대로 커닝하지 말고 시험 보는 학생의 마음으로 진지하게 풀어보세요.

1) 여자가 남자에게 제안한 것은?

a 물자 재확인
b 적의 위치 확인
c 식량 보충
d 지원병 신청

2) All of the following items were mentioned as part of the mission EXCEPT?

a Food
b Ammunition
c Transportation
d GPS system

▲ transportation 교통수단, 수송수단

3) Why is the woman being so careful while checking the supplies?

a She does not trust the man.
b There is no help available once the mission starts.
c She is a careful person by nature.
d The man is a double agent.

▲ by nature 선천적으로 double agent 이중간첩

2. 다시 듣고 해석해보자

지문을 눈으로 읽어 내려가며 다시 한 번 집중해서 들어보세요.

Man	I think we are in good shape as far as supplies for the mission go.
Woman	Yes, did you check the rations and ammunition?
Man	Yes, I did it twice.
Woman	How about the radio and GPS system?
Man	They are all set to go.
Woman	Is there anything else we forgot?
Man	As far as I know I think we are as ready as we can be.
Woman	We'd better double-check. We can't expect any help once we are in enemy territory.

남자	이 작전에 필요한 물자에 있어서 우리의 상태는 좋아.
여자	그래. 배급 식량과 탄약은 확인했어?
남자	응, 두 번이나 했어.
여자	라디오와 위치 추적 장치는?
남자	준비 완료야.
여자	다른 잊은 건 없을까?
남자	내가 아는 바로, 우린 모든 준비가 되었다고 봐.
여자	재확인해보는 게 좋겠어. 일단 적지로 발을 들여놓게 되면 어떤 도움도 기대할 수 없으니까.

정답 1a2c3b

- in good shape 좋은 상태인, 건강이 좋은
ration 배급 식량, (양식, 연료 등을) 배급하다 ammunition 폭약, 탄약
GPS(Global Position System) 지구 위치 추적 장치 set 준비된

3. 듣고 풀자

DAY – 30

청취 지문은 절대로 커닝하지 말고 시험 보는 학생의 마음으로 진지하게 풀어보세요.

1) 왕자가 성에 온 이유는?

a 왕을 만나러

b 왕비를 만나러

c 공주를 만나러

d 근위대장을 만나러

2) Why won't the guard open the gate?

a He is under orders from the prince.

b He wants to irritate the prince.

c He is under orders from the King.

d He does not know how to operate the gate.

under orders from ~로부터 명령을 받은 operate 작동시키다

3) Which of the following would the prince do next?

a Apologize to the guard.

b Retreat from the gate.

c Continue to chat with the guard.

d Attempt to force open the gate.

chat with 잡담하다

3. 다시 듣고 해석해보자

지문을 눈으로 읽어 내려가며 다시 한 번 집중해서 들어보세요.

Prince	Open the gate! I demand to see the Queen.
Guard	I'm sorry, Your Highness. We are under direct orders from the King. No one can enter the gates.
Prince	Are you saying I can't even go see my own mother? How dare you!
Guard	I'm sorry, sir. I'm afraid you have to leave now. Or else I'm going to sound the alarm.
Prince	This is your last warning. Open this gate immediately or face the consequences.

왕자	문을 열거라! 왕비님을 뵙길 원한다!
보초	죄송합니다, 전하. 폐하께 친히 명령을 받았습니다. 어느 누구도 이 문을 지나갈 수 없습니다.
왕자	나의 어머니를 뵐 수조차 없단 말이냐! 어찌 감히!
보초	죄송합니다, 왕자님. 그만 가셔야 합니다. 그렇지 않으면 경보를 울리는 수밖에 없습니다.
왕자	이것이 마지막 경고다. 즉시 이 문을 열거라. 그렇지 않으면 그 대가를 치를 것이다.

정답 1b2c3d

● Your Highness (왕족, 황족에 대한 경칭) 전하　how dare you 어떻게 감히! 무엄하다!　sound the alarm 경적을 울리다, 위험신호를 보내다　face the consequence 대가를 치르다

듣고 받아써보자

DAY - 30

답안을 커닝하면 아무런 학습효과도 볼 수 없습니다. 답안을 가리고 받아쓰기에 임하세요.

1. ______ you ______?

2. ______ did you ______?

3. I ______ my special spaghetti and meatballs.

4. ______ how much I love you.

5. I think we ______ as far as supplies for the mission go.

6. They are ______.

7. ______ we forgot?

8. ______ I think we are ______ we can be.

9. I ______ the Queen!

10. We are ______ the King.

11. ______ you!

12. ______ I'm going to ______.

정답 1 Would, like something to eat 2 What, have in mind 3 was thinking of cooking 4 Ever since I realized 5 are in good shape 6 all set to go 7 Is there anything else 8 As far as I know, as ready as 9 demand to see 10 under direct orders from 11 How dare 12 Or else, sound the alarm

바꿔 말해보자

DAY – 30

한글 문장들을 영어로 바꿔 말해보세요. 혹시 잘 모르겠어도 일단 용감하게 도전해보세요.

1. 이 작전에 필요한 물자에 있어서 우리의 상태는 좋아.

2. 내가 너를 얼마나 사랑하는지를 알고 난 후부터.

3. 저희는 폐하께 친히 명령을 받았습니다.

4. 너는 뭘 하려고 했는데?

5. 다른 잊은 건 없을까?

6. 어찌 감히!

7. 내가 특별 스파게티와 미트볼을 만들어볼까 했지.

8. 그렇지 않으면 저는 경보를 울리는 수밖에 없습니다.

9. 너 뭐 좀 먹을래?

10. 그들은 준비완료야.

11. 나는 왕비님을 뵙길 원한다!

12. 내가 아는 바로, 우린 모든 준비가 되었다고 봐.

정답 1 I think we are in good shape as far as supplies for the mission go. 2 Ever since I realized how much I love you. 3 We are under direct orders from the King. 4 What did you have in mind? 5 Is there anything else we forgot? 6. How dare you! 7 I was thinking of cooking my special spaghetti and meatballs. 8 Or else I'm going to sound the alarm. 9 Would you like something to eat? 10 They are all set to go. 11 I demand to see the Queen! 12 As far as I know I think we are as ready as we can be.